高等职业教育"新形态"精品系列教材·汽车类

汽车发动机电控系统原理与维修

主　编　敖克勇
副主编　杨　华

北京理工大学出版社
BEIJING INSTITUTE OF TECHNOLOGY PRESS

内 容 简 介

本书从汽车维修的工作实际出发,以大众迈腾 B7 发动机为主,同时兼顾丰田系列等其他车型。本书以项目为载体,以任务驱动的方式安排教学内容,系统阐述了发动机电控系统的结构组成、工作原理、控制过程以及故障诊断与排除方法。本书主要内容包括:发动机电控系统的基本组成,电控燃油喷射系统、电控点火系统、进气控制系统和排放控制系统的基本工作原理及作用,发动机综合故障诊断与排除。各项目安排有典型的故障案例及考核,以进一步提升项目教学法的实效性。为了突出培养实践能力,每个项目都附有同步实操项目(任务工单),能够使理论与实践更紧密地结合起来,达到让学生学以致用的效果。

本书充分利用大数据互联网的强大功能,把汽车发动机电控系统中的知识、结构、原理与示范操作,通过图文、动画、视频的形式全面直观地展示出来。本书内容贴近实际工作岗位,既可作为高等职业院校汽车检测与维修、汽车运用技术等专业的教学用书,也可供汽车运用工程技术人员和维修技术人员学习与参考。

版权专有　侵权必究

图书在版编目(CIP)数据

汽车发动机电控系统原理与维修/敖克勇主编.—北京:北京理工大学出版社,2021.3(2021.4 重印)

ISBN 978 – 7 – 5682 – 9585 – 7

Ⅰ.①汽… Ⅱ.①敖… Ⅲ.①汽车 – 发动机 – 电子系统 – 控制系统 – 理论②汽车 – 发动机 – 电子系统 – 控制系统 – 车辆修理 Ⅳ.①U472.43

中国版本图书馆 CIP 数据核字(2021)第 040282 号

出版发行 /	北京理工大学出版社有限责任公司
社　　址 /	北京市海淀区中关村南大街5号
邮　　编 /	100081
电　　话 /	(010)68914775(总编室)
	(010)82562903(教材售后服务热线)
	(010)68948351(其他图书服务热线)
网　　址 /	http://www.bitpress.com.cn
经　　销 /	全国各地新华书店
印　　刷 /	唐山富达印务有限公司
开　　本 /	787 毫米×1092 毫米　1/16
印　　张 /	12.25
字　　数 /	288 千字
版　　次 /	2021 年 3 月第 1 版　2021 年 4 月第 2 次印刷
定　　价 /	49.80 元

责任编辑/多海鹏
文案编辑/多海鹏
责任校对/周瑞红
责任印制/李志强

图书出现印装质量问题,请拨打售后服务热线,本社负责调换

前言

　　本书着重讲解了新车型、新知识和新技术，能满足当代汽车维修市场发展对维修人才的需求。书中系统介绍了汽车维修的实践经验，贴近实际岗位需求，资源形式丰富，易学易懂，有很强的实用性和可读性。本书既可作为高等院校汽车检测与维修专业及其他相关专业的教学用书，也可作为汽车维修行业从业人员提高技能的读物。

　　目前，大数据物联网和智能交通技术成为支撑现代汽车工程技术的基础，汽车电子控制技术广泛应用于汽车的各个领域，在不同的汽车电控系统中，发动机的电控系统控制部件和参数较多，控制功能较强，控制过程也较为复杂。发动机电控系统的故障诊断与排除涉及的知识密集、综合性强、技术要求高，这项技能已成为高等教育汽车类专业教学的一项重要内容，是培养学生综合职业素养的核心。掌握了发动机电控系统的结构原理、控制过程和故障诊断与排除方法，汽车其他电控系统的难题就能迎刃而解。编者在总结以往教学经验的基础上，根据高等教育的培养目标和学生特点，对本书内容的先后顺序进行了适当的调整，以符合学生的认知发展规律。

　　本书由敖克勇任主编，杨华任副主编，参加编写的人员有王征义、何端、娄方玉、洪卫、赵春和张鑫等。本书在编写过程中得到了上海景格科技股份有限公司龙正平和陈红磊等同志的大力支持和帮助，在拍摄视频的过程中得到了遵义鑫华众汽车销售服务有限公司4S店和遵义众悦丰田汽车销售服务有限公司4S店的鼎力支持，在此表示衷心的感谢。

　　为方便教师教学，本书还配有超星学习通、电子教案及习题答案（电子版），请有此需要的教师登录超星尔雅教育资源网（http://erya.mooc.chaoxing.com/about）或学银在线（https://www.xueyinonline.com/）免费注册后再进行学习，有问题时可在网站留言板留言。

编　者

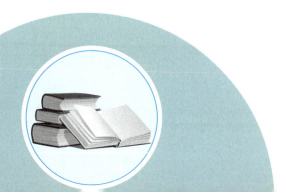

目录

项目一 发动机电控系统总体认识 ▶ 001

  任务 发动机电控系统总体认识 / 003

项目二 发动机燃油供给系统原理与检修 ▶ 015

  任务1 燃油泵电路检修 / 016
  任务2 喷油器电路检修 / 027
  任务3 曲轴、凸轮轴位置传感器检修 / 035
  任务4 温度传感器检修 / 050

项目三 进气控制系统原理与检修 ▶ 059

  任务1 空气流量传感器检修 / 061
  任务2 节气门体检修 / 071
  任务3 废气涡轮增压系统检修 / 092
  任务4 可变气门正时结构检修 / 101

项目四 排放控制系统原理与检修 ▶ 117

  任务1 排放控制系统结构与原理 / 119
  任务2 氧传感器检修 / 131

项目五 电子控制点火系统原理与检修 ▶ 143

  任务1 点火线圈与火花塞检修 / 145
  任务2 爆燃传感器检修 / 160

项目六 发动机综合故障诊断与排除 ▶ 169

  任务1 发动机不能起动故障诊断 / 172
  任务2 发动机怠速不稳故障诊断 / 177
  任务3 发动机加速不良故障诊断 / 183

项目一
发动机电控系统总体认识

项目描述

发动机电控系统是车辆上最重要的电控系统之一。发动机电控系统主要由空气供给系统、燃油供给系统、点火控制系统、排放控制系统以及发动机辅助控制系统等组成，如图1-1所示。

如果发动机电控系统出现故障，发动机会出现油耗增加、动力不足和运行不良等故障，甚至无法起动。

本项目主要学习任务

发动机电控系统总体认识

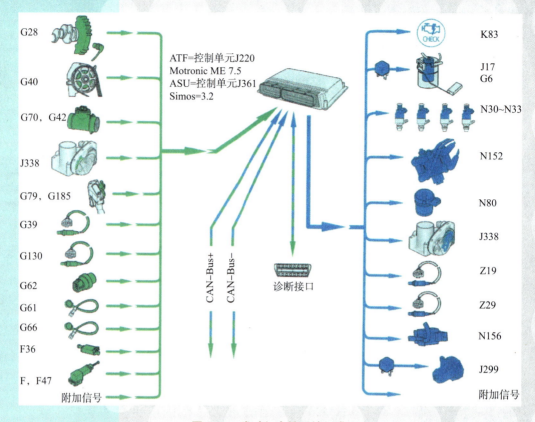

图1-1 发动机电控系统组成

G28—发动机转速传感器；G130—催化器后氧传感器；G40—霍尔传感器；F，F47—制动信号灯开关；G39—氧传感器；G70—热膜式空气质量流量计；G62—冷却液温度传感器；G42—进气温度传感器；G61—爆燃传感器1；G66—爆燃传感器2；F36—离合器踏板开关；G79，G185—加速踏板位置传感器侧附加信号：空调压缩机接通、空调准备就绪、车速信号；K83—废气警告灯；N156—调节式进气管转换阀；J17—燃油泵继电器；G6—燃油泵；J299—二次空气泵继电器；N30~N33—喷射阀；J338—节气门控制单元；N152—点火变压器；N80—活性炭罐电磁阀；Z29—催化器后氧传感器加热装置；Z19—氧传感器加热装置执行器侧附加信号：空调压缩机关闭及电子节气门故障指示灯、定速巡航控制系统、耗油量信号

项目一 发动机电控系统总体认识

任务 发动机电控系统总体认识

 任务描述

一辆 2009 款迈腾 1.8T 轿车，装备 BYJ 发动机，行驶里程 8.6 万 km。客户李先生反映该车在行驶中发动机故障灯点亮，此前车辆并未出现过事故或进行过维修。

发动机故障灯点亮意味着发动机电控系统出现了故障，并且记录在了发动机电脑板中。故障部位一般是电控系统的传感器、执行器、电脑板或线路。在进行维修之前，需要对故障车辆的发动机电控系统比较熟悉，然后使用解码器对发动机电控系统进行故障码的读取，最后结合故障码与维修手册进行故障诊断和修复。

维修人员在对车辆进行解码和检测之后，发现是一个传感器损坏了，更换该故障传感器，故障被修复。客户想了解该车发动机电控系统的特点，现在请你结合自己所学的知识给客户介绍一下。

 学习目标

1. 知识目标

（1）了解发动机电控系统的功用；
（2）掌握常见发动机电控系统的类型。

2. 能力目标

（1）能在实车上判断该车型采用哪种发动机电控系统；
（2）能在实车上找出常见的传感器和执行器；
（3）能使用诊断设备对发动机电控系统进行故障码的读取和删除；
（4）能使用诊断设备对发动机电控系统进行数据流的读取。

3. 素质目标

（1）具备良好的沟通能力和表达能力；
（2）具备查询信息和查阅维修手册的基本能力；
（3）能够按照企业 7S 要求和安全生产规范进行操作；
（4）具有与同学密切合作、规范安全地完成学习活动的能力。

建议学时：4 学时

知识准备

　　汽车发动机电控系统简称 EFI（Electronic Fuel Injection）系统，该系统通过一组燃油喷射器向发动机供给燃油，燃油喷射器由发动机控制模块（Electronic Control Module，ECM）控制。与使用化油器的情况相比，该系统允许更精确的燃油供给控制，且具有以下特征：①更高的燃油经济性；②更高的排放性能；③更高的响应特性；④更高的功率输出。

　　电控发动机是在传统化油器式发动机的基础上发展起来的，主要从如何增大发动机充气效率和如何使燃料充分燃烧这两大方面做进一步改进，以达到提高发动机功率、满足燃油消耗量及排放量等法规的要求。发动机电控系统的基本功能是依据传感器采集其运行工况的各种信号（如位置信号、转速信号、负荷信号、温度信号、燃烧状况信号等），通过一定的电子控制程序对发动机的供油、点火和排放实施适时控制。

　　发动机电控系统由空气供给系统、燃油供给系统、点火控制系统、排放控制系统和发动机辅助控制系统五大部分组成，其中发动机辅助控制系统由 ECU［Electronic Control Unit，又称 ECM、PCM（Power Control Module）］、传感器和执行器等组成。

　　电控发动机的控制原理是控制理想空燃比（A/F = 14.7/1）。发动机 ECU 获取相应传感器提供的信号，经内部程序运算后获得当前运行工况下进入气缸的空气质量，并按理想空燃比确定燃油供给量。发动机 ECU 同时向其执行器（喷油器、OCV 阀、点火线圈）发出指令，分别控制燃油的喷射、配气相位角的调节和适时的点火。发动机电控燃油喷射系统如图 1-2 所示。

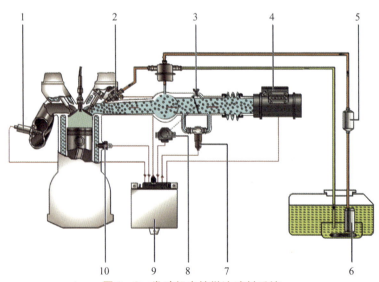

图 1-2　发动机电控燃油喷射系统

1—氧传感器；2—喷油器；3—调压器；4—热线式空气流量计；5—燃油滤清器；6—电动燃油泵；7—怠速执行器；8—节流阀位置开关；9—电子控制单元；10—水温传感器

具体而言，EFI 系统的 ECU 根据一系列传感器提供的数据确定当前发动机的状态，并相应地计算所需的燃油供给量。然后，在适当的时刻将该燃油供给量喷入进气歧管，该系统将确保发动机在相应的状态下能够得到比例适当的空气和燃油的混合气。

发动机在任何工况下运转，都由曲轴位置传感器提供发动机曲轴转角和转速信号（Ne 信号），节气门位置传感器提供节气门开度信号（负荷信号），进气温度传感器提供进气温度信号，压敏传感器提供进气绝对压力信号，空气流量传感器提供空气流量信号。ECU 根据曲轴位置传感器、节气门位置传感器、进气温度传感器、压敏传感器和空气流量传感器确定当前运行工况下进入气缸的空气质量，从而确定该工况下的基本喷油量，并根据氧传感器、冷却液温度传感器、进气温度传感器提供的信号完成对基本喷油量的修正。发动机电控系统油量控制原理框图如图 1-3 所示。

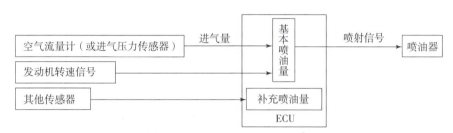

图 1-3　发动机电控系统油量控制原理框图

一、发动机电控（EFI）系统的类型

EFI 系统根据各种传感器信号，通过 ECU 对喷油量和喷油正时进行控制。

EFI 系统根据喷油器的数量可以划分为三种不同类型：多点燃油喷射（Multi Point Injection，MPI）系统；分组燃油喷射（Group Fuel Injection，GFI）系统；双点燃油喷射（Double Point Injection，DPI）系统。

1. 多点燃油喷射（MPI）系统的组成与工作原理

在上述三种系统中，MPI 系统应用最为广泛。发动机的每个气缸都配备了一个喷油器，其安装在进气歧管的各个支管上。每个喷油器都由 ECM 单独控制，保证为相应气缸的进气冲程供给燃油，如图 1-4 所示。

2. 分组燃油喷射（GFI）系统的组成与工作原理

GFI 系统的基本设计形式与 MPI 系统的基本设计形式相同。不过，GFI 系统的特点是控制更为简单。该系统被用在了四缸发动机的经济型车辆上。四个喷油器被分成两组，GFI 系统对每组分别进行喷射控制。每个气缸在燃烧周期中发生一次燃油喷射，但就四个气缸中的三个来说，燃油喷射没有发生在进气冲程，被这些气缸喷射的燃油将在后面的进气冲程被吸入气缸。

3. 双点燃油喷射（DPI）系统的组成与工作原理

DPI 系统（见图 1-5）是一种简单的燃油喷射系统，其性质与化油器系统的性质相

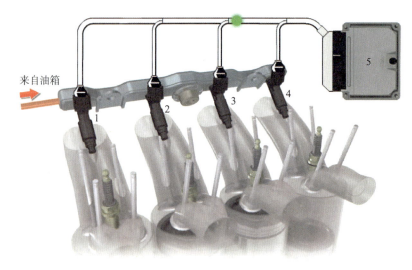

图1-4 多点燃油喷射系统

1,2,3,4—喷油器；5—ECU

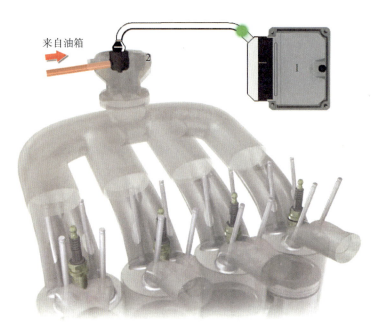

图1-5 双点燃油喷射系统

1—ECU；2—喷油器

似。节气门体上安装了两个喷油器（主喷油器和副喷油器），燃油喷射位置与化油器发动机的燃油喷射位置相同。在正常工作中，由主喷油器负责燃油喷射，但在高速或高负荷等需要更多燃油的条件下，副喷油器也参与燃油喷射。

二、发动机电控（EFI）系统的组成及工作原理

EFI系统可以划分为以下五个子系统。

1. 空气供给系统

空气供给系统为发动机提供清洁的空气，同时对供给发动机的空气量进行测量和控制。空气供给系统如图 1-6 所示。

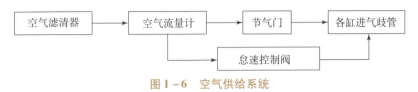

图 1-6 空气供给系统

2. 燃油供给系统

燃油供给系统采用电动燃油泵向喷油器输送足够压力且经过调节的燃油，同时喷油器根据发动机 ECU 的控制信号向进气歧管或气缸内喷射定量的燃油，如图 1-7 所示。

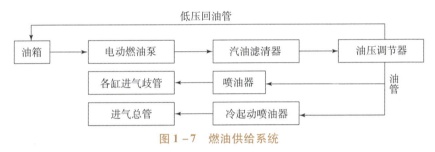

图 1-7 燃油供给系统

3. 点火控制系统

点火控制系统的作用是准时点燃空气与汽油形成的混合气，使发动机正常做功，如图 1-8 所示。

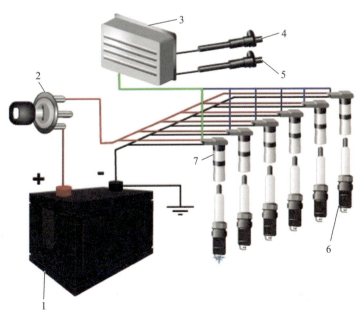

图 1-8 点火控制系统

1—蓄电池；2—点火开关；3—发动机控制模块；4—曲轴传感器；
5—凸轮轴传感器；6—火花塞；7—线圈

4. 排放控制系统

排放控制系统主要是对发动机排放的尾气、曲轴箱废气、燃油箱汽油蒸气以及废气再循环系统进行控制，如图 1-9 所示。

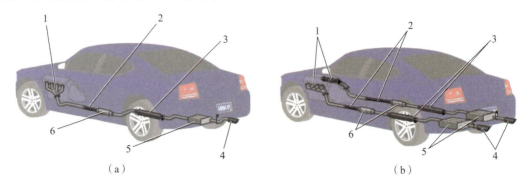

图 1-9　排放控制系统
（a）单排气系统：直列式发动机；（b）双排气系统：V 形发动机
1—排气歧管；2—排气管道；3—谐振器；4—尾管；5—消声器；6—三元催化转换器

5. 发动机辅助控制系统

发动机辅助控制系统的主要组成是发动机 ECU，其作用是存储、计算、分析处理信息；计算输出值所用的程序；存储车型的特点参数；存储运算中的数据（随机存取）；存储故障信息。

运算分析功能是根据信息参数求出执行命令数值；将输出的信息与标准值进行对比，查出故障。输出执行命令功能是把弱信号变为强的执行命令、输出故障信息。同时发动机辅助控制系统还具有自我修正功能（自适应功能）。

一、直接测量空气流量的汽油喷射系统

直接测量方式是指采用空气流量计直接测量单位时间内发动机吸入的空气量，然后电控单元根据发动机的转速计算每一循环吸入的空气量并由此计算出循环基本喷油量。直接测量方式包括体积流量方式和质量流量方式两种。

1. 体积流量方式

体积流量方式是利用翼片式空气流量计或长门涡流式空气流量计直接测量单位时间内发动机吸入的空气体积流量。电控单元根据已测出的空气体积和发动机转速，先计算出每一循环的进气空气体积流量，并进行大气压力和温度修正，再计算出循环基本喷油量。这种测量方式与间接测量方式相比，测量精度较高，有利于提高混合气空燃比的控制精度，但存在需要进行大气压力和温度修正的缺点。采用这种测量方式的典型代表是博世公司的 L 型电控汽油喷射系统，如图 1-10 所示。

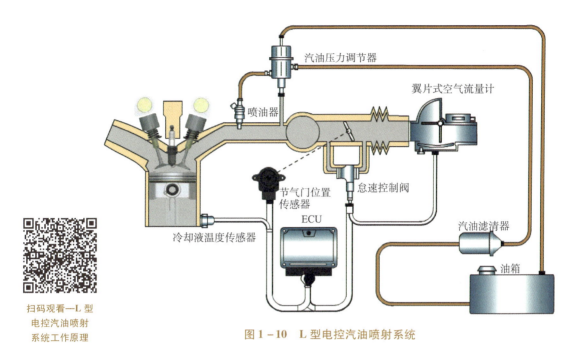

图1-10 L型电控汽油喷射系统

2. 质量流量方式

质量流量方式利用热线式空气流量计或热膜式空气流量计直接测量单位时间内发动机吸入的空气质量流量。电控单元根据已测出的空气质量和发动机转速,计算出每一循环的进气空气质量流量,并由此计算出循环基本喷油量。这种测量方式的测量精度高,响应速度快,结构紧凑,并且由于其测出的是空气的质量,因此,不需要进行大气压力和温度修正。采用这种测量方式的典型代表是博世公司的LH型电控汽油喷射系统,如图1-11所示。

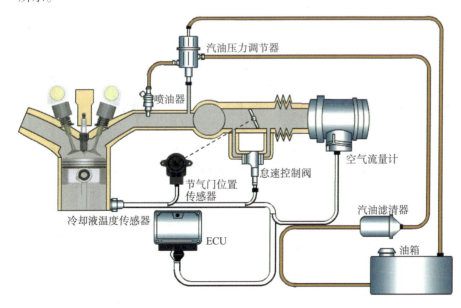

图1-11 LH型电控汽油喷射系统

二、间接测量空气流量的汽油喷射系统

在间接测量方式中,电控单元通过对节气门开度、进气歧管压力或发动机转速的测量,计算出发动机吸入的空气量。电控汽油喷射系统采用的间接测量方式有节流-速度方式和速度-密度方式两种。

1. 节流-速度方式

对于节流-速度方式,电控单元根据节气门开度和发动机转速计算出每一循环的进气空气量,并由此计算出循环基本喷油量。这种方式由于直接检测节气门的开度,因此,发动机过渡工况响应特性较好,被用在一些赛车上。但是空气量与节气门开度和发动机转速之间的函数关系相当复杂,因此,要精确测量空气量存在一定的困难。

2. 速度-密度方式

对于速度-密度方式,电控单元根据进气歧管压力和发动机转速计算出每一循环的进气空气量,并由此计算出循环基本喷油量。这种方式的测量方法简单,喷油量调整精度容易控制。但是由于进气歧管压力和进气量之间的函数关系比较复杂,在过渡工况和采用废气循环时,进气歧管内压力波动较大,因此这些工况空气量测量的精度较低,需要进行流量修正,并且会对工况混合气空燃比的精确控制造成不利影响。采用这种方式的典型代表是博世公司的D型电控汽油喷射系统,如图1-12所示。

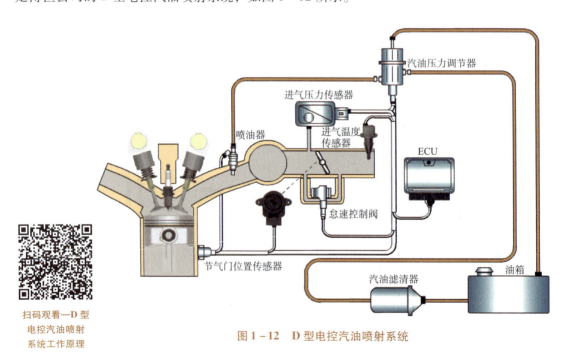

扫码观看—D型电控汽油喷射系统工作原理

图1-12 D型电控汽油喷射系统

操作指引

1. 课前准备

（1）场地设施：举升机一台，装有废气抽排系统和消防设施的场地；
（2）设备设施：整车或发动机台架；
（3）工量具：常用工具（一套）、车辆故障诊断仪、万用表等；
（4）耗材：车内三件套、车外三件套、有故障的传感器等；
（5）学生组织：教师指导、分组实训、过程评价。

2. 注意事项

（1）穿着干净整洁的工作服；
（2）遵守场地安全规定，注意用电安全；
（3）插拔车辆故障诊断仪时一定要关闭点火开关；
（4）正确使用万用表、示波器等工量具；
（5）在检测空气流量传感器时，严禁用力拉扯线束。

 **任务实施**

1. 故障原因分析

一辆 2009 款迈腾 1.8T 轿车，装备 BYJ 发动机，行驶里程 8.6 万 km。客户李先生反映该车在行驶中发动机故障灯点亮，此前车辆并未出现过事故或进行过维修。

发动机故障灯点亮意味着发动机电控系统出现了故障，并且记录于发动机电脑板中。能引起此故障的因素有多个，故障部位一般是电控系统的传感器、执行器、电脑板或线路。

在进行故障排除之前，需要使用诊断仪器、设备和工具做进一步检测。

2. 大众发动机电控系统的特点

大众 ME7–Motronic 发动机电控系统构成如图 1–13 所示。该系统可以实现多点燃油喷射与点火正时的闭环控制、怠速控制、空燃比控制、超速断油控制、爆燃控制、曲轴箱通风闭环控制、应急保护控制和故障自诊断测试等功能。

ME7–Motronic 发动机电控系统的传感器包括空气流量传感器、进气歧管压力传感器、曲轴位置传感器、凸轮轴位置传感器、节气门位置传感器、冷却液温度传感器、氧传感器、爆燃传感器等。其中，空气流量传感器、进气歧管压力传感器、曲轴位置传感器、凸轮轴位置传感器和节气门位置传感器等是控制燃油喷射与点火的主要传感器。

ME7–Motronic 发动机电控系统的开关信号由点火起动开关信号、怠速开关信号、空调开关信号、蓄电池电压信号以及空挡安全开关信号（自动挡汽车）等组成。

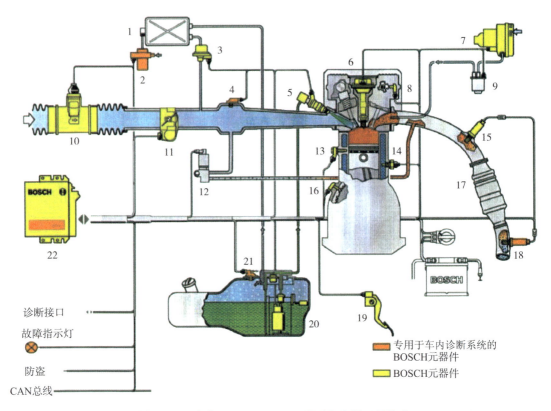

图 1-13 大众 ME7-Motronic 发动机电控系统构成

1—燃油箱；2—关闭阀；3—活性炭罐电磁阀；4—进气歧管压力传感器；5—燃油分配管/喷油器；6—点火线圈/火花塞；7—二次空气泵；8—凸轮轴位置传感器；9—二次进气阀；10—空气流量传感器；11—节气门位置传感器；12—废气再循环阀；13—爆燃传感器；14—冷却液温度传感器；15、18—氧传感器；16—曲轴位置传感器；17—三元催化器；19—加速踏板模块；20—燃油泵模块；21—燃油箱压力传感器；22—ECU

ME7-Motronic 发动机电控系统的执行器主要由燃油泵、喷油器、点火控制器与点火线圈、活性炭罐电磁阀、氧传感器加热器、怠速控制电动机等组成。

ME7-Motronic 发动机电控系统设置了一个 16 端子的自诊断插座，系统可利用车辆故障检测仪调取控制系统的各种参数及故障信息。

三、大众发动机电控系统小结

发动机电控系统传感器、ECU、执行器之间的位置关系如图 1-14 和图 1-15 所示。图 1-15 所示为大众 M3.8.2 发动机电控系统部件，其与 ME7 发动机电控系统大部分部件位置相同，但部件使用有所区别，如 ME7 发动机电控系统安装一

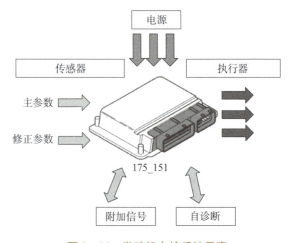

图 1-14 发动机电控系统示意

项目一　发动机电控系统总体认识

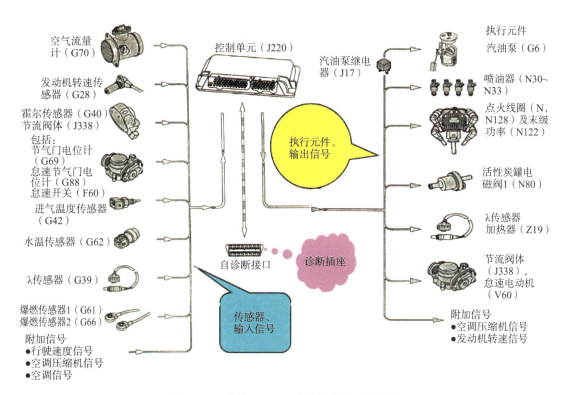

图 1-15　大众 M3.8.2 发动机电控系统部件

个爆燃传感器，而 M3.8.2 发动机电控系统则安装两个爆燃传感器。

（1）电控燃油喷射系统根据各传感器输送来的信号能有效控制空燃比，使发动机在各种工况下的空燃比达到最佳，从而实现提高功率、降低油耗、减少废气排放等功能。该系统分为开环和闭环两种控制方式。该系统的主要控制对象包括喷油量、喷射正时、燃油的停供及燃油泵等。

（2）发动机电控系统提高了发动机的经济性和动力性，改善了排放指标。发动机电控系统能够根据车辆的状态，准确稳定地控制喷油量、点火时刻及配气相位等，以改善燃烧方式，提高热效率，保证适度的空燃比，使排放系统有条不紊的工作，从而使车辆具有较高的燃油经济性、动力性和排放性能。

（3）发动机电控系统中的绝大多数部件是没有机械运动的固态件，因此没有机械磨损，不必定期更换和调整，简化了维护和检修过程。

（4）发动机电控系统的自诊断功能可自动检测和记录发动机的故障，为技术人员的检修提供方便。

项目二
发动机燃油供给系统原理与检修

项目描述

发动机燃油供给系统为发动机工作提供所需要的燃油,并将燃油准确地喷入进气道或气缸,如图2-1所示。该系统包含两种类型,即普通发动机燃油供给系统和直喷发动机燃油供给系统。

图2-1 发动机燃油供给系统

本项目主要学习任务

燃油泵电路检修
喷油器电路检修
曲轴、凸轮轴位置传感器检修
温度传感器检修

任务1　燃油泵电路检修

任务描述

一辆2009款迈腾1.8T轿车,装备BYJ发动机,行驶里程8.6万km。客户李先生反映该车的发动机无法起动,多次尝试起动发动机,起动机能正常工作但无法着车,此前车辆并未维修过。

在发动机机械系统正常的情况下,发动机无法着车,故障一般出现在发动机的燃油供给系统、点火系统和发动机电控系统中。当燃油泵出现故障时,可能会出现发动机无法起动、发动机运转无力等故障现象。若判断故障在燃油泵电路,则需要对燃油泵相关电路进行检修。

学习目标

1. 知识目标

(1) 了解燃油泵的功用;
(2) 掌握燃油泵的类型;
(3) 掌握常见燃油泵的组成结构、工作原理及工作电路特点。

2. 能力目标

(1) 能在实车上找到燃油泵的安装位置;
(2) 能运用维修手册、检测和诊断设备对燃油泵进行检测与诊断;
(3) 能参照维修手册对燃油泵进行更换。

3. 素质目标

(1) 具备读取工单作业内容等信息的能力;
(2) 具有维修资料的查阅、网络信息的获取和分析的能力;
(3) 能够按照企业7S要求、安全生产规范和环保要求进行操作;
(4) 具有与同学相互沟通、密切合作和共同完成学习活动的能力。

项目二 发动机燃油供给系统原理与检修

建议学时：4学时

知识准备

电动燃油泵是发动机燃油供给系统最重要的组成部件之一，它的作用是为燃油供给系统提供所需要的燃油压力动力源。

燃油泵由发动机ECU控制。当发动机处于静止状态但点火开关并未断开时，安全电路会切断燃油供给。

一、电动燃油泵的功用

目前使用的电动燃油泵通常安装在油箱中，发动机燃油供给系统如图2-2所示。集成在一起的还有油位传感器和用来消除回油油路中气泡的涡流板。电动燃油泵由小型直流电动机驱动，电动机运转时电动燃油泵连续不断地把燃油从油箱中吸出，加压后输送到管路中，和燃油压力调节器配合建立合适的系统压力。电动燃油泵的电动机和燃油泵连成一体，密封在同一壳体内。

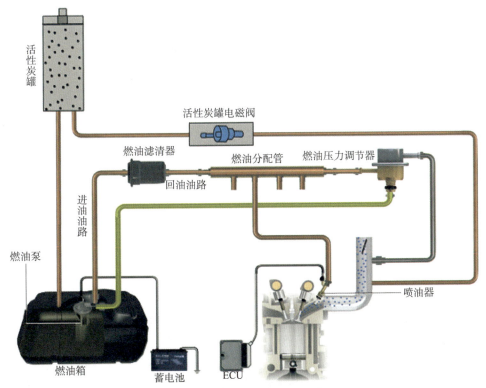

图2-2 发动机燃油供给系统

电动燃油泵向喷油器提供的油压要高出进气歧管压力250~300 kPa，但是为了保证系统供油压力满足所有工况的要求，油泵的最高油压需要450~600 kPa，最大供给能力要高于系统的理论最大需求量。

二、电动燃油泵的分类、组成与工作原理

1. 电动燃油泵的分类

电动燃油泵按其结构不同,可分为涡轮式、滚柱式和叶片式三种。

2. 电动燃油泵的组成与工作原理

涡轮式电动燃油泵如图2-3所示,涡轮式电动燃油泵主要由燃油泵电动机、涡轮泵、出油阀和卸压阀等组成。油箱内的燃油在进入燃油泵内的进油室前,首先要经过滤网初步过滤。

图2-3 涡轮式电动燃油泵
1—弹簧;2—钢球;3—上端盖;4—换向器;5—永久磁铁;
6—涡轮;7—下端盖;8—轴承座;9—壳体;10—转子

涡轮泵主要由叶轮、叶片、泵壳体和泵盖组成,叶轮安装在燃油泵电动机的转子轴上。燃油泵电动机通电时驱动涡轮泵叶轮旋转,由于离心力的作用,叶轮周围小槽内的叶片贴紧泵壳体,并将燃油从进油室带往出油室。由于进油室燃油不断地被带走,所以形成一定的真空度,将油箱内的燃油经进油口吸入;而出油室燃油不断增多,燃油压力升高,当油压达到一定值时,则顶开出油阀经出油口输出。出油阀还可在燃油泵不工作时阻止燃油倒流回油箱,这样可保持油路中有一定的残余压力,便于车辆下次起动。

燃油泵工作时,燃油流经燃油泵内腔,对燃油泵电动机起到冷却和润滑的作用。燃油泵不工作时,出油阀关闭,使油路内保持一定的残余压力,以便于发动机起动和防止气阻产生。卸压阀安装在进油室和出油室之间,当燃油泵输出油压达到0.4 MPa时,卸压阀开启,使燃油泵内的进、出油室连通。燃油泵工作时只能使燃油在其内部循环,以防输油压力过高。

涡轮式电动燃油泵具有泵油量大、泵油压力较高(在600 kPa以上)、供油压力稳定、

运转噪声小和使用寿命长等优点,所以应用最为广泛。

三、燃油泵控制电路工作原理

燃油泵控制电路有三种类型:ECU(电脑)控制的油泵控制电路、油泵开关控制的油泵控制电路和具有转速控制的油泵控制电路。下面主要介绍 ECU 控制的油泵控制电路。

1. ECU 控制的油泵控制电路

D 型燃油喷射系统或采用卡门涡流式和热线式空气流量计的燃油喷射系统都采用 ECU 控制的油泵控制电路,如图 2-4 所示。

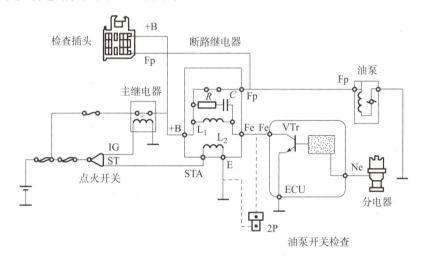

图 2-4 ECU 控制的油泵控制电路

当点火开关 IG 接通时,主继电器闭合,电控系统通电。此时若发动机起动,则 ST 端闭合,断路继电器线圈 L_1 通电,产生吸力使断路继电器、油泵开关闭合,油泵开始工作。发动机开始运转,分电器即输出触发信号使 ECU 中的晶体管 VTr 导通,断路继电器线圈 L_2 通电。发动机起动结束,ST 端断开,断路继电器线圈 L_2 断电,但由于断路继电器线圈 L_1 仍然通电,故油泵开关仍保持闭合,油泵继续工作。发动机停止工作,分电器不输出触发信号,晶体管 VTr 截止,断路继电器线圈 L_2 断电,油泵开关断开,油泵停止工作。

2. 迈腾车辆燃油泵控制电路的检修

燃油泵控制电路是低压燃油控制系统的重要组成之一,低压燃油控制系统包括油箱、低压油泵、油泵控制单元和燃油滤清器等部件。

燃油泵控制单元(J538)安装在电动燃油泵(G6)附近,它既接收发动机 ECU(J623)的控制信号,也接收车载电网控制单元(J519)的预工作信号。J538 通过脉宽调制信号(PWM)来控制电动燃油泵,为油泵提供正电和接地保护,此外还向仪表(J285)提供油位显示信号。

迈腾车辆燃油泵的基本结构与普通发动机燃油泵的基本结构相同。

当车辆解锁后,打开主驾车门,J519 收到车门打开的信号后向 J538 发出使油泵预工作的信号，J538控制电动燃油泵工作几秒钟，燃油系统首先建立低压油压，以便于发动机起动。当发动机起动后，J623一直向J538发送使油泵运转的信号，使得J538控制燃油泵持续运转。

燃油泵及燃油泵控制单元（迈腾）相关线路如图2-5所示。

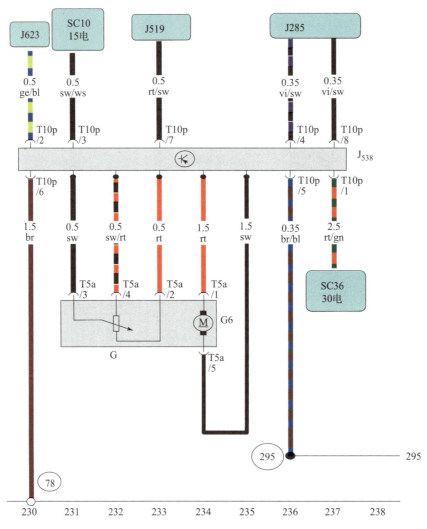

图2-5 燃油泵及燃油泵控制单元（迈腾）相关线路

四、燃油供给系统压力检查

喷油量仅由喷射时间来决定。燃油分配管与进油管间的压力差必须保持恒定，所以需要用一种方法来调节油压，以适应不同负荷下进气歧管压力的变化。燃油压力调节器通过调节回油量来维持喷油器的压力差恒定。燃油压力调节器通常安装在燃油分配管的远端，避免干扰燃油分配管内的油流。不过，它也可以安装在回油油路中。

燃油压力调节器为一种膜片控制溢流压力调节器，如图2-6所示。一个橡胶纤维膜片将燃油压力调节器分为两部分：燃油室和弹簧室。弹簧压在一个固定在膜片上的压板上，弹簧压力使得活动安装的阀片压在阀座上。当油压大于弹簧压力时，油压作用在膜片上，阀门打开，燃油直接流回油箱，直到膜片恢复平衡状态，这时作用在膜片两边的压力相等。弹簧室和节气门后面的进气歧管由一根气压管相连通，它使得弹簧室的压力随进气歧管真空度的变化而变化。因此，膜片处的压力就和喷油器一致，可以使喷油器的压差保持恒定，它仅由弹簧压力和膜片面积决定。

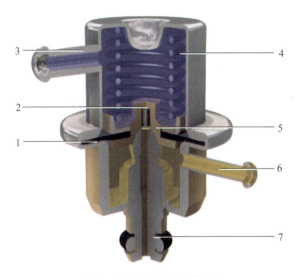

扫码观看—脉动
稳压器工作原理

扫码观看—燃油
压力调节器工作
原理

图 2-6　燃油压力调节器
1—膜片；2—压板；3—进气歧管接头；4—弹簧；
5—阀；6—进油口；7—回油口

在无回油管路的系统中，燃油压力调节器安装在油箱内置的燃油泵总成内，它使燃油分配管中的燃油压力相对于环境压力保持恒定。由此可见，系统并没有保持燃油分配管与进气歧管之间压力差恒定，而是采用 D 型燃油喷射系统，通过电控单元的进气压力传感器来检测进气压力，从而对喷油量进行修正。

喷油器周期性地喷油和燃油泵周期性地输出燃油都会在燃油系统中引起压力波。在不利的情况下，电动燃油泵底座、油管和燃油分配管会将这些振动传到燃油箱和车身，由此引起的噪声可通过特殊设计的底座和燃油稳压器来加以抑制。稳压器的结构与压力调节器的结构相似，如图 2-7 所示，它们都由一个被弹簧压住的膜片来分隔燃油和空气。设计计算的弹簧压力使得燃油压力一旦达到工作压力，膜片就离开座面。这提供了一个可变油腔，在高峰油压时容纳燃油，在油压下降时释放燃油，使得燃油在绝对压力波动的情况下保持燃油压力在最佳工作范围内。

如果需要确认燃油系统压力是否正常，则需要进行燃油系统压力测试，测试步骤如下：

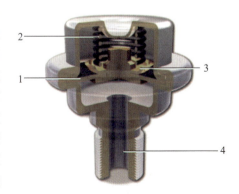

图 2-7　稳压器
1—膜片；2—弹簧；3—弹簧底板；
4—油口

（1）检查燃油箱中的燃油，油量应足够。释放燃油系统压力。

①起动发动机，维持怠速运转。

②发动机运转时拔下燃油泵继电器或电动燃油泵电源接线，使发动机自行熄火。

③再使发动机起动2~3次，即可完全释放燃油系统压力。

（2）检查蓄电池电压，应不低于12 V。拆下蓄电池负极连接线。

（3）将专用油压表接到燃油系统中，如图2-8所示。装复燃油泵继电器或电动燃油泵电源插头。

（4）接上负极电缆，反复打开点火开关，使燃油泵对燃油系统进行预供油。起动发动机，使其维持怠速运转。

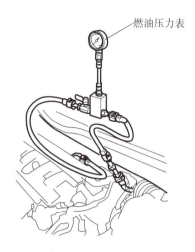

图2-8 燃油压力测试

（5）起动发动机，油压应符合规定值，如速腾1.6L发动机怠速运转的燃油系统压力应为0.40 MPa。

（6）将发动机熄火，等待10 min后观察燃油压力表的压力值，多点喷射系统压力应不低于0.20 MPa。

（7）检查完毕后应释放燃油系统压力，拆下燃油压力表，装复燃油系统。

知识拓展

高压燃油系统的组成及工作原理

高压燃油系统（迈腾）主要包括高压燃油泵、油压调节阀N276、油轨、压力限制阀（开启压力大约为14 MPa）、燃油压力传感器G247和高压喷油器N30~N33。

高压燃油系统的油压范围为4~14 MPa。

燃油压力传感器（迈腾）安装在油轨或高压燃油泵上，其作用是监控油轨内的燃油压力，由此来调整燃油压力。它的核心是一个钢膜，在钢膜上镀有应变电阻。当要测的压力经压力接口作用到钢膜的一侧时，由于钢膜弯曲，故会引起应变电阻的阻值发生变化，阻值的变化转换成电压信号传给发动机控制单元，发动机控制单元根据这个信号调节燃油压力调节阀，从而控制油轨内的燃油压力。燃油压力传感器的结构如图2-9所示。

高压燃油泵通常由排气凸轮轴驱动，有的安装在凸轮轴的中部位置，有的安装在凸轮轴的后端位置。高压燃油泵（迈腾）的外部结构如图2-10所示。

高压燃油泵（迈腾）的工作分为三个阶段，即进油阶段、回油阶段和供油阶段，高压燃油泵的泵油过程如图2-11所示。在进油阶段，高压燃油泵靠泵活塞的下行提供吸油的动力，同时进油阀打开，燃油被吸入了泵腔。在泵活塞行程的最后1/3段，燃油压力调节阀断电，使得进油阀在泵活塞向上运动的初期仍然打开来进行回油。

在回油阶段，为了控制实际的供油量，进油阀在泵活塞向上运动的初期还是打开的，多余的燃油被泵活塞挤回低压端。在供油阶段的初期，燃油压力调节阀通电，进油阀关闭，泵活塞上行，在泵腔内产生压力，当压力超过油轨内压力时，出油阀被打开，燃油被

项目（二） 发动机燃油供给系统原理与检修

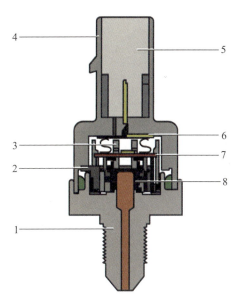

图 2-9　燃油压力传感器的结构

1—压力接口；2—隔块；3—ASIC；4—壳体；
5—插头；6—接触桥；7—印刷电路板；
8—传感器元件（应变电阻）

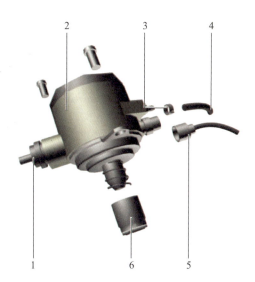

图 2-10　高压燃油泵（迈腾）的外部结构

1—燃油压力调节阀；2—泵体；3—低压连
接插头；4—回流软管；5—高压连接插头；
6—圆柱挺柱

扫码观看一高压
油泵结构与
工作原理

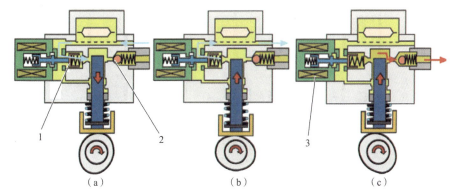

图 2-11　高压燃油泵的泵油过程

（a）进油阶段；（b）回油阶段；（c）供油阶段
1—进油阀；2—出油阀；3—油压调节阀 N276

泵入油轨。

燃油压力限压阀（迈腾）集成在高压燃油泵内，如图 2-12 所示，其作用是在发生燃油热膨胀和故障时，为系统提供过压保护。它是一个机械阀，在压力超过 14 MPa 时打开，打开的是泵内从高压端到低压端的回流油道，然后燃油被压回高压端。

油压调节阀 N276 安装在高压燃油泵的侧面，其作用是控制进入油轨的油压，发动机电控单元通过脉宽调制信号对其进行控制。

高压喷油器（迈腾）的作用是将燃油分别喷入每个气缸中，使控制单元的驱动电压达到 65 V，瞬时电流达到 12 A，平均电流达到 2.6 A。高压喷油器的电路如图 2-13 所示。

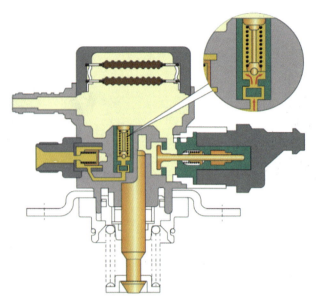

图 2-12 燃油压力限压阀

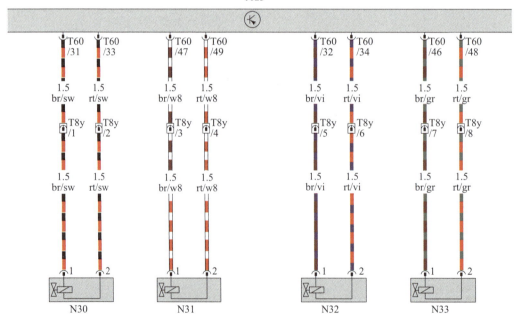

图 2-13 高压喷油器的电路

1. 课前准备

(1) 场地设施:举升机一台,装有废气抽排系统和消防设施的场地;

（2）设备设施：迈腾轿车；

（3）工量具：常用工具（一套）、车辆故障诊断仪、示波器、万用表等；

（4）耗材：保险丝、线束等；

（5）学生组织：教师指导、分组实训、过程评价。

2. 注意事项

（1）在实训场地应穿着干净整洁的工服；

（2）听从实训指导教师的安排，严格遵守场地安全规定，注意用电安全；

（3）在操作过程中，注意拆装工具及万用表、车辆故障诊断仪等设备的使用，拆下的零部件要轻拿轻放，避免磕碰和损坏；

（4）在检测油压调节阀、燃油压力传感器等部件的线路时，严禁用力拉扯线束；

（5）在检测电气元件须断开部件插头时，应提前关闭点火开关。

1. 故障原因分析

一辆2009款迈腾1.8T轿车，装备BYJ发动机，行驶里程8.6万km。客户李先生反映该车的发动机无法起动，多次尝试起动发动机，起动机能正常工作但无法着车，此前车辆并未维修过。

迈腾1.8T轿车装备BYJ发动机，采用缸内直喷技术，因此该发动机不仅有常规的低压油路，也有高压油路，同时在高压油轨上面还有一个燃油压力传感器。在维修过程中，通过解码器读取发动机数据流，可以很直观地查看到燃油系统是否正常工作。如果通过数据流发现高压系统没有油压，则说明低压油路没有正常供油。

现在需要使用诊断仪器、设备和工具做进一步检测。

2. 故障诊断与排除过程

1）燃油压力传感器数据流

燃油压力传感器数据流如图2-14所示。

将车辆故障诊断仪连接到诊断座DLC3，打开点火开关和车辆故障诊断仪，测量数据流。在正常情况下，怠速时油压约为4 MPa（迈腾1.8T），踩下加速踏板（迈腾1.8T），油压相应上升。

如果发动机不起动，反复打开点火开关，电脑板通过预供油功能驱动燃油泵工作。这时便可以通过解码器看到燃油轨道内的油压了，如果没有油压，则说明燃油泵不能正常供油。

2）检测油压调节阀（迈腾1.8T）

打开点火开关，检测油压调节阀1引脚为电源电压。测量油压调节阀电磁线圈的电阻，阻值应符合规定值。测量电磁阀与电控单元相连的搭铁线的电阻，阻值应小于0.5 Ω。

利用车辆故障诊断仪进行元件功能测试，选择燃油压力调节阀，应能听见电磁阀发出"哒哒"的声音，同时用手触摸电磁阀有振动现象。

图 2-14 燃油压力传感器数据流

注意：在检查燃油压力调节器的电磁阀是否工作时，禁止给电磁阀持续通电，否则电磁阀会被损坏，应利用车辆故障诊断仪执行元件的自诊断功能对电磁阀进行检查。

3）检测燃油泵控制单元及燃油泵

测量燃油泵控制单元的工作电压，T10p/1 端子为电源电压，T10p/3 端子应为电源电压（打开点火开关）。电路图如图 2-5 所示。

检查燃油泵控制单元与车身搭铁之间的接地线（T10p/6 端子）是否正常。

检测燃油泵电动机电阻。

4）检测电动燃油泵

断开电动燃油泵线束连接器，接通点火开关起动挡，用万用表测量其电源端子与搭铁间的电压，应为 12 V 电源电压。测量电动燃油泵搭铁端子与车身之间的电阻应小于 1 Ω。

断开电动燃油泵线束连接器，测量电动燃油泵的电阻，阻值应符合规定，通常阻值为 1~2 Ω。

5）检测油路油压

首先将油路泄压，然后将油压表接入燃油管路中，油压表示数如图 2-15 所示。起动

图 2-15 油压表示数

发动机，油压应符合规定，如速腾 1.6L 发动机怠速运转燃油系统压力应为 0.4 MPa。

发动机熄火后，等待一段时间，观察压力表的压力，应符合规定。

3. 故障排除小结

燃油泵损坏导致车辆熄火。当进行故障检测和诊断时，不要盲目更换零部件，要学会使用车辆故障诊断仪来读取发动机的数据流，并通过数据流进行分析和检测，最终确定故障点，并按照维修手册要求修复故障。

（1）普通发动机燃油供给系统主要包括电动燃油泵、喷油器、燃油滤清器和燃油压力调节器，该系统具有燃油的供给、输送以及喷射功能。

（2）普通发动机燃油供给系统中的电动燃油泵为喷油器提供油压，喷油器将燃油喷入进气道。

（3）电动燃油泵和喷油器的检测项目包括电阻的检测和线路的检测等。

（4）普通发动机燃油供给系统可以通过燃油压力的检测来判断系统的工作状况。

（5）在检测普通发动机燃油供给系统时如果需要断开油路，则应先泄压，同时注意保护电气元件和线路。

（6）直喷发动机燃油供给系统主要包括低压燃油泵、燃油泵控制单元、高压燃油泵、油压调节阀、燃油压力传感器和高压喷油器等。

（7）直喷发动机燃油供给系统中低压燃油泵的作用是建立基本油压，高压燃油泵的作用是建立高油压。

（8）直喷发动机燃油供给系统可以通过读取系统油压和故障码来判断系统有无故障。

任务 2　喷油器电路检修

一辆 2011 款迈腾 1.8T 轿车，装备 BYJ 发动机，行驶里程 8.6 万 km。客户李先生反映该车发动机怠速抖动厉害，并且行驶中车辆加速无力。

在发动机机械系统正常的情况下，发动机怠速不稳、加速无力，一般故障出现在发动机燃油供给系统和点火系统。当喷油器及其电路出现故障时，可能会出现发动机无法起动、怠速不稳和尾气排放恶劣等故障现象。若判断故障在喷油器及其电路，则需要对喷油器及其电路进行检修。

学习目标

1. 知识目标

（1）了解喷油器的功用；
（2）了解常见喷油器的类型；
（3）掌握喷油器的组成结构、工作原理及工作特性。

2. 能力目标

（1）能在实车上找到喷油器及其电路附件的安装位置；
（2）能运用检测和诊断设备对喷油器及其电路进行检测与诊断；
（3）能参照维修手册对喷油器进行更换。

3. 素质目标

（1）具备组织团队成员分析工单任务，并制订作业任务实施计划的能力；
（2）具备结合工单任务对团队成员进行分工协作的能力；
（3）具备听取团队成员的意见，并和同学合作完成故障排除任务的能力；
（4）具备对团队成员进行客观、公正评价的能力。

 **建议学时：4 学时**

知识准备

为满足汽车平稳运行和低排放的严格要求，每个工作循环都需要提供完全精确的混合气配制。喷射的燃油量必须精确计量，以匹配吸入的空气量，因此，每个气缸都配有一个电磁喷油器。喷油器由发动机 ECU 控制，在准确的时间点将精确的燃油量直接喷向气缸进气门，这样就大大避免了沿进气管壁的凝结现象。多点喷射系统的喷油器安装在各缸进气歧管或气缸盖上的各缸进气道处。

一、喷油器的分类、组成与工作原理

1. 喷油器的分类

按喷油口的结构不同，喷油器可分为轴针式和孔式两种，轴针式喷油器的结构原理如图 2-16 所示，目前主要采用球阀式喷油器。按喷油器电磁线圈阻值不同，喷油器可分为低阻型（1~3 Ω）和高阻型（13~18 Ω）两种。

2. 喷油器的组成与工作原理

喷油器主要由滤网、线束连接器、电磁线圈、回位弹簧、衔铁和针阀等组成，针阀与

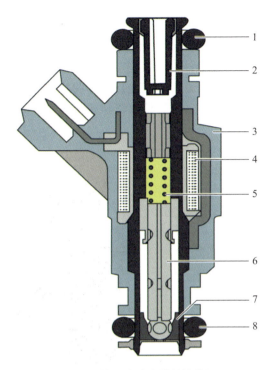

图 2-16 轴针式喷油器的结构原理

1、8—O形圈；2—滤网；3—有电接头的壳体；4—线圈；
5—弹簧；6—有电磁衔铁的针阀；7—带孔板的阀座

扫码观看—喷油器
的工作原理

衔铁制成一体。

燃油供给管路中滤网的作用是防止污物进入喷油器，同时，两个 O 形圈分别对油轨和进气歧管与喷油器连接处进行密封。当线圈不通电时，弹簧和燃油压力将针阀紧压在阀座上，使燃油轨道与进气歧管分隔开来。

当喷油器电磁阀绕组通电时，线圈即产生电磁场，电磁场使衔铁升起，针阀随之离开阀座，燃油从喷油器喷出。系统压力和喷油器量孔开度是单位时间内喷油量的决定因素。触发电流中止，针阀立即关闭。

喷油器通常采用顺序燃油喷射的方法进行燃油喷射，即曲轴每转两圈，各缸的喷油器按照发动机的点火顺序，依次在合适的曲轴转角位置进行燃油喷射。

发动机的喷油量通过电控单元控制喷油器的通电时间（喷油脉冲宽度）来确定。发动机 ECU 根据发动机运转工况及各种影响因素进行计算，以确定喷油器的通电时间。

二、喷油器的检测

使发动机转速在 2 500 r/min 以上，听喷油器的工作声音，发动机工作时用手指或听诊器（触杆式）接触喷油器，通过声音来判断喷油器是否工作。

1. 喷油器的电阻检测

拨开喷油器的导线连接器，用万用表欧姆挡测量喷油器上两个接线端子间的电阻，阻值应为 12~17 Ω，如果阻值不符，则应更换喷油器。

2. 喷油器控制端检测

电源正极接有 330 Ω 电阻的二极管试灯，再接至喷油器线束端子的灰线端。起动发动机时，若试灯闪亮，则说明传感器和计算机无问题；若试灯不闪亮，则说明线路、传感器或计算机有故障，须检查线路、曲轴位置传感器、凸轮轴位置传感器和计算机。

3. 喷油量检测

使用喷油器检测仪进行喷油量检测，或者用连接线把蓄电池与喷油器连接好，接通15 s，用量筒测出喷油器的喷油量，并检查其喷油形状，每个喷油器检测 2~3 次。标准喷油量为 50~70 mL/(15 s)，各喷油器允许误差为 5 mL。如果喷油量不符合标准，则应清洗或更换喷油器。喷油器检测仪如图 2-17 所示。

4. 漏油检测

在完成喷油量的检测后，断开蓄电池与喷油器的连接，检查喷油器喷器处有无漏油，要求每分钟漏油量不大于 1 滴。

5. 工作电压检测

喷油器的工作电压为电源电压，如果不符合标准，则应检查线路。

图 2-17　喷油器检测仪

三、喷油器的控制

各种电控燃油喷射系统中喷油器的控制电路大同小异，大众捷达系列轿车喷油器控制电路如图 2-18 所示。

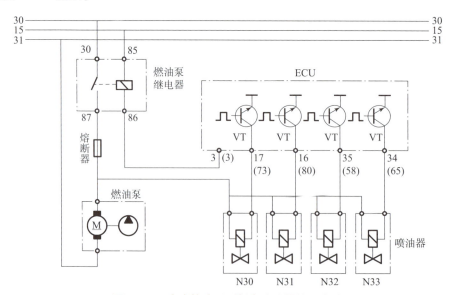

图 2-18　大众捷达系列轿车喷油器控制电路

项目二 发动机燃油供给系统原理与检修

当 ECU 向喷油器发出的控制脉冲信号的高电平（1）加到三极管 VT 基极时，三极管 VT 导通，喷油器线圈电流接通，产生电磁吸力，将阀门吸开，喷油器开始喷油；当 ECU 向喷油器发出的控制脉冲信号的低电平（0）加到三极管 VT 基极时，三极管 VT 截止，喷油器线圈电流切断，在回位弹簧的弹力作用下阀门关闭，喷油器停止喷油。由于控制信号为脉冲信号，因此阀门不断地开闭使喷油器喷出的燃油雾化良好。雾状燃油喷射在进气门附近与吸入的空气混合形成可燃混合气，当进气门打开时，可燃混合气被吸入气缸燃烧做功。

知识拓展

一、喷油正时的控制

喷油正时即喷油器何时开始喷油。发动机燃油喷射系统按喷油器安装部位不同分为单点燃油喷射系统和多点燃油喷射系统两类。单点燃油喷射系统只有一只或两只喷油器，安装在节气门体上，一旦发动机工作就连续喷油。多点燃油喷射系统的每个气缸都配有一只喷油器，安装在燃油分配管上。现在的发动机基本上都采用顺序喷油器控制。

多点燃油顺序喷射即各缸喷油器按照一定的顺序喷油。由于各缸喷油器独立喷油，因此多点燃油顺序喷射又称独立喷射，其控制电路如图 2-18 所示。

在顺序喷射系统中，发动机工作一个循环（曲轴转两圈），各缸喷油器轮流喷油一次，且像点火系统跳火一样按照特定的顺序依次进行喷射。

实现顺序喷射的关键是需要知道即将到达排气上止点的是哪一缸的活塞。因此，在顺序喷射系统中，ECU 需要一个气缸判别信号（简称判缸信号）。ECU 根据曲轴位置（转角）信号和判缸信号确定出是哪一个气缸的活塞运行至排气上止点前某一角度（四缸发动机一般在上止点前 60°左右），发出喷油控制指令，接通该缸喷油器电磁线圈电流，使喷油器开始喷油。

顺序喷射的优点是各缸喷油时刻均可设计在最佳时刻，燃油雾化质量好，有利于提高燃油经济性和降低有害气体的排放量；其缺点是控制电路和控制软件比较复杂。对现代汽车电子技术来说，实现顺序喷射控制是一件十分容易的事情，因此现代汽车普遍采用顺序喷射系统。

二、起动时喷油量的控制

当点火开关从关闭位置（"OFF"）转到接通位置（"ON"）时，ECU 通电初始化，然后进入起动工作程序。点火开关接通，电动燃油泵开始工作，整个系统建立起正常的油压。然后 ECU 检查点火开关是否转到起动位置，如果在规定的时间内没有接收到该信号，就切断电动燃油泵，直到接收到起动信号。此时 ECU 再根据曲轴位置信号和节气门位置信号判定其是否处于起动状态。如果曲轴位置信号表明发动机转速低于 300 r/min，且节气门位置信号表明节气门处于关闭状态，则判定发动机处于起动状态并控制运行起动程序。

发动机在较冷的状态下起动时，由于发动机转速波动较大，空气流量传感器不能准确地测量空气流量，故 ECU 根据发动机的温度及存储器中预先设定的温度与喷油量的关系确定喷油量。起动控制采用开环控制，ECU 先检测发动机冷却液温度传感器数据，发动机冷却液的温度越低，控制的喷油量越多，即控制喷油时间较长；反之，控制的喷油量就越少。因为在低转速和低温时，燃油微粒的旋转运动减弱、燃油蒸发减弱、可燃混合气变稀、油滴沾湿缸壁，必须增大喷油量才能顺利起动发动机。如果冷却液温度在 14 ℃ 以下，冷起动喷油器也喷油，使之易于起动；如果冷却液温度在 25 ℃ 以上，冷起动喷油器停止喷油。随着发动机转速（信号来自发动机曲轴位置传感器）逐渐提高，ECU 控制喷油量减少，以免发动机"被淹"。当转速达到规定的正常值后，进入暖机或正常运转时喷油量的控制状态。

在燃油喷射系统具有"清除溢流"功能的汽车上，当发动机转速低于 300 r/min 时，如果节气门开度大于 80%，那么 ECU 会判定为"清除溢流"控制，喷油器将停止喷油。

在装配有燃油喷射式发动机的汽车上，为保证发动机顺利起动，燃油喷射系统在起动时会向发动机供给很浓的可燃混合气。如果多次起动未能成功，那么淤积在气缸内极浓的可燃混合气就会浸湿火花塞，使其不能跳火而导致发动机不能起动。火花塞浸湿的现象称为"溢流"或"淹缸"。"清除溢流"的控制过程：先将加速踏板踩到底，然后接通起动开关使发动机运转。此时 ECU 将自动控制喷油器中断喷油，以便于排除气缸内的燃油蒸气，使火花塞干燥，从而能够跳火。由此可见，在起动燃油喷射式发动机时不必踩下加速踏板，直接接通起动开关即可。

三、超速及减速断油控制

在某些特殊工况下，ECU 通过断油修正系数 KE 实现暂时中断燃油喷射，以满足发动机运行的特殊要求。断油控制包括发动机超速断油控制和减速断油控制。

1. 超速断油控制

超速断油控制是指当发动机转速达到极限转速时，ECU 中断燃油喷射，防止发动机因超速运转而导致零件损坏。

在发动机运行过程中，ECU 随时将发动机曲轴位置传感器测得的发动机实际转速与存储器中存储的极限转速进行比较，当实际转速达到或超过极限转速时，ECU 控制喷油器停止喷油，限制发动机转速进一步升高。

2. 减速断油控制

减速断油控制是指汽车在高速行驶过程中突然减速时，ECU 中断燃油喷射。在汽车高速行驶过程中，当驾驶员突然松开加速踏板减速时，发动机将在惯性力作用下高速旋转。由于节气门已经关闭，进入气缸的空气很少，如果喷油器不停止喷油，可燃混合气就会过浓而导致燃烧不完全，这不仅浪费燃油，而且增加了有害气体的排放量。

喷油器超速断油控制与减速断油控制过程如图 2-19 所示。ECU 根据曲轴位置信号、节气门位置信号和冷却液温度信号判定是否满足以下三个减速断油条件。

（1）节气门位置传感器怠速触点闭合或节气门开度小于 1.2°。

（2）发动机冷却液温度达到正常工作温度（80 ℃）。

项目二　发动机燃油供给系统原理与检修

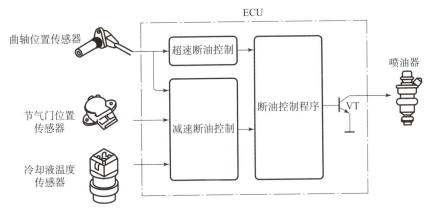

图 2-19　喷油器超速断油控制与减速断油控制过程

（3）发动机转速高于某转速。该转速称为减速断油转速，其值由 ECU 根据发动机温度、负荷等参数确定。

当三个条件全部满足时，ECU 控制喷油器停止喷油。当喷油停止，发动机转速降低到燃油复供转速或怠速触点断开时，ECU 控制喷油器恢复喷油。减速断油转速和燃油复供转速与冷却液温度和发动机负荷有关，冷却液温度越低、发动机负荷越大（如空调接通），减速断油转速和燃油复供转速就越高。

 操作指引

1. 课前准备

（1）场地设施：举升机一台，装有废气抽排系统和消防设施的场地；
（2）设备设施：整车或发动机台架、喷油器检测仪；
（3）工量具：常用工具（一套）、车辆故障诊断仪、示波器、万用表等；
（4）耗材：保险丝、线束、喷油器等；
（5）学生组织：教师指导、分组实训、过程评价。

2. 注意事项

（1）穿着干净整洁的工作服；
（2）遵守场地安全规定，注意用电安全；
（3）插拔车辆故障诊断仪时一定要关闭点火开关；
（4）正确使用万用表、示波器等工量具；
（5）在检测空气流量传感器时，严禁用力拉扯线束。

1. 故障原因分析

一辆 2011 款迈腾 1.8T 轿车，装备 BYJ 发动机，行驶里程 8.6 万 km。客户李先生反映该车发动机怠速抖动厉害,并且行驶中车辆加速无力,故障点可能主要集中在发动机的点火系统和燃油供给系统。怠速抖动且加速无力,一般多为发动机某一个气缸没有正常工作,而造成某一个气缸没有正常工作的原因大多为点火系统故障或喷油器及其电路故障。

现在需要使用诊断仪器、设备和工具做进一步检测。

2. 故障诊断与排除过程

迈腾 B7 1.8T 轿车的发动机采用 TSI 技术,燃油喷射系统采用缸内直喷技术,燃油经过高压油泵加压之后,通过喷油器直接喷入发动机的气缸。迈腾 B7 1.8T 轿车发动机喷油器的工作电路如图 2-20 所示,喷油器工作的两条工作电路直接与发动机 ECU J623 相连接,其中 N30 表示气缸 1 喷油阀、N31 表示气缸 2 喷油阀、N32 表示气缸 3 喷油阀、N33 表示气缸 4 喷油阀。

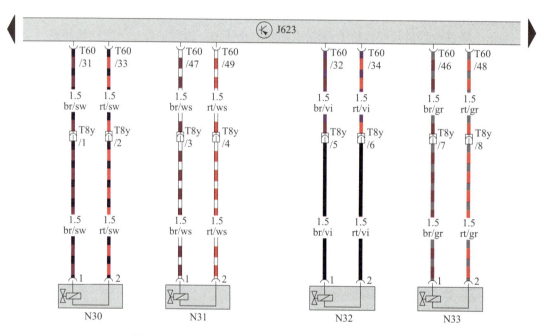

图 2-20　迈腾 B7 1.8T 轿车发动机喷油器的工作电路

1) 检测喷油器电阻值

拔下喷油器线束插头,用万用表测量喷油器两端子之间的电阻,其阻值应符合规定,通常应为 13~16 Ω。

2) 检测喷油器电路

关闭点火开关,断开喷油器线束连接器和 ECU 的 T60 插接器,用万用表分别测量四个喷油器两端子与发动机 ECU 端子之间的电阻,其阻值应该小于 1 Ω。如果阻值满足要求,则说明线路正常;如果阻值过大甚至于无穷大,则说明线路出现断路或有接触电阻。当出现接触电阻或断路时,需要进行线路的故障排除和修复。

3. 故障排除小结

喷油器及其电路故障导致车辆在行驶中加速无力、怠速抖动。进行故障检测和诊断时，不要盲目更换零部件，可以先采用逐缸断火的方法迅速地判断哪一个气缸没有正常工作。同时要学会使用车辆故障诊断仪，车辆故障诊断仪可以读取发动机 ECU 中关于气缸缺火的数据。通过故障原因分析和检测，最终确定故障点，并按照维修手册要求修复故障。

任务小结

（1）喷油器是发动机燃油喷射系统执行机构中的一个关键部件，是一种加工精度非常高的精密部件。为了满足燃油喷射系统控制精度的要求，喷油器应具有抗堵塞性能好、燃油雾化性能好和动态流量范围大等优点。

（2）有故障的喷油器会导致下列故障症状：
① 跳火或运行不良；
② 怠速不良；
③ 未能通过排放检测；
④ 动力减弱；
⑤ 升温后，发动机转速太低；
⑥ 发动机不起动。

如果发现其中一个或多个症状，则需要对喷油器进行检查。

（3）如果发动机能够起动，则在发动机运转的情况下逐个断开并重新连接喷油器的插头。如果断开任一插头后发动机怠速不下降，则此插头所连接的喷油器未工作，进而可认为存在故障。为了做进一步的确认，在发动机运行过程中可以使用听诊器来听喷油器所发出的"咔嗒"声。

任务3　曲轴、凸轮轴位置传感器检修

任务描述

一辆 2012 款迈腾 1.8T 轿车，装备 BYJ 发动机，行驶里程 8.6 万 km。客户李先生反映该车发动机故障灯常亮，加速无力。熄火再起动，故障灯还是常亮。

在发动机机械系统正常的情况下发动机加速无力，一般故障出现在发动机电控系统的传感器、ECU 或执行器。当曲轴位置传感器或凸轮轴位置传感器出现故障时，可能会出现发动机无法起动、怠速不稳、加速无力、排放超标等故障现象。若判断故障在曲轴位置传感器或凸轮轴位置传感器，则需要对曲轴位置传感器或凸轮轴位置传感器进行检修。

学习目标

1. 知识目标

（1）了解曲轴位置传感器、凸轮轴位置传感器的功用；
（2）知道曲轴位置传感器、凸轮轴位置传感器的类型；
（3）掌握曲轴位置传感器、凸轮轴位置传感器的组成结构、工作原理及信号特性。

2. 能力目标

（1）能在实车上找到曲轴位置传感器、凸轮轴位置传感器的安装位置；
（2）能运用检测和诊断设备对曲轴位置传感器、凸轮轴位置传感器进行检测与诊断；
（3）能参照维修手册对曲轴位置传感器、凸轮轴位置传感器进行更换。

3. 素质目标

（1）具备维修手册查阅、网络信息查询和工单任务读取的基本能力；
（2）能够按照维修手册作业流程、环保要求和安全生产规范进行操作；
（3）具有协作同学安全地完成学习活动的能力；
（4）具有自主学习、主动获取拓展知识的能力。

建议学时：4 学时

在发动机 ECU 控制喷油器喷油和控制火花塞跳火时，先需要知道究竟是哪一个气缸的活塞即将到达排气冲程上止点和压缩冲程上止点，然后才能根据曲轴转角信号控制喷油提前角与点火提前角。

一、曲轴位置传感器、凸轮轴位置传感器的功用

曲轴位置传感器（Crankshaft Position Sensor，CKPS）也称发动机转速传感器，用来检测曲轴转角和发动机转速信号，并将其输送给 ECU，以便于确定燃油喷射时刻和点火控制时刻。曲轴位置传感器是发动机控制系统中最主要的传感器之一，其检测到的信号是确认曲轴转角位置和发动机转速不可缺少的信号之一。发动机 ECU 用此信号控制燃油喷射量、喷油正时、点火时刻、点火线圈充电闭合角、怠速转速和电动燃油泵的运行。

凸轮轴位置传感器（Camshaft Position Sensor，CMPS）用来检测凸轮轴位置信号，并将其输送给 ECU，以便于 ECU 确定第一缸压缩冲程上止点，从而进行顺序喷油控制和点

扫码观看—曲轴位置传感器功用

火时刻控制；同时，还用于发动机起动时识别第一次点火时刻，因此也称为判缸传感器。

二、曲轴位置传感器、凸轮轴位置传感器的分类

发动机电控系统常用的曲轴位置传感器与凸轮轴位置传感器根据其工作原理分为电磁感应式、光电式和霍尔式三种类型，如图2-21所示。现在轿车的发动机曲轴位置传感器与凸轮轴位置传感器大部分采用电磁感应式和霍尔式，光电式应用较少。电磁感应式曲轴位置传感器与电磁感应式凸轮轴位置传感器的工作原理相同。

扫码观看一凸轮轴位置传感器功用

(a)　　　　　　　　　　(b)　　　　　　　　　　(c)

图2-21　曲轴位置传感器与凸轮轴位置传感器分类
(a) 电磁感应式；(b) 霍尔式；(c) 光电式

对于不同类型的车辆，其曲轴位置传感器和凸轮轴位置传感器的安装位置也不尽相同。常见的安装形式有综合式和独立式两种。曲轴位置传感器和凸轮轴位置传感器集中安装在一个部件内（如分电器内）称为综合式；曲轴位置传感器和凸轮轴位置传感器独立安装在两个不同的位置称为独立式。

三、曲轴位置传感器、凸轮轴位置传感器的结构组成与工作原理

1. 电磁感应式曲轴位置传感器

1）电磁感应式曲轴位置传感器的结构组成

一汽丰田威驰轿车5A/8A-FE发动机的曲轴位置传感器、上海大众桑塔纳轿车AJR发动机的曲轴位置传感器都采用电磁感应式曲轴位置传感器，如图2-22所示。当转子凸齿靠近磁极时，磁阻变小，磁通量变大；当转子凸齿远离磁极时，磁阻变大，磁通量变小。变化的磁场在传感器绕组中产生交变电信号，并传输至ECU。

电磁感应式曲轴位置传感器主要由信号转子、感应线圈、永久磁铁和壳体等组成，如图2-23所示。

2）电磁感应式曲轴位置传感器的工作原理

电磁感应式曲轴位置传感器的工作原理如图2-24所示。当信号转子每转过一个凸齿时，由于穿过传感线圈的磁通量发生变化，故根据电磁感应原理，传感线圈就会输出一个交变电动势。信号转子与发动机曲轴相连，传感线圈输出的交变电动势的频率反映了曲轴

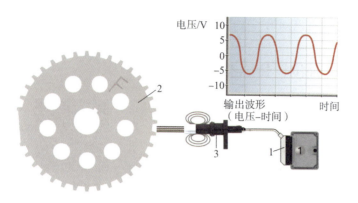

图 2-22 电磁感应式曲轴位置传感器
1—ECU；2—信号转子；3—曲轴位置传感器

图 2-23 电磁感应式曲轴位置
传感器结构组成
1—感应线圈；2—壳体；
3—永久磁铁；4—极轴

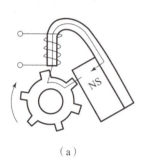
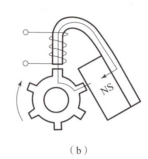
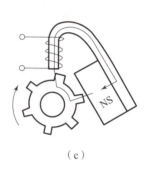

(a) （b） （c）

图 2-24 电磁感应式曲轴位置传感器的工作原理
(a) 靠近；(b) 对正；(c) 离去

的转速。

电磁感应式曲轴位置传感器的结构示意如图 2-25 所示。信号发生器由传感线圈、永久磁铁及线束组成，安装在靠近离合器一侧的缸体上。信号转子的圆周上间隔均匀地分布着 58 个凸齿、57 个小齿缺和 1 个大齿缺。

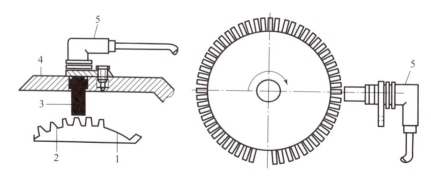

图 2-25 电磁感应式曲轴位置传感器的结构示意
1—大齿缺；2—信号转子；3—传感器磁头；4—气缸体；5—信号发生器

当信号转子按顺时针方向旋转、转子凸齿接近磁头[见图 2-24（a）]时，转子凸齿与磁头间的气隙减小，磁路磁阻减小，磁通量 $\varPhi$ 增多，磁通变化率增大，感应电动势 E

为正,如图 2-26 中曲线 abc 所示。当转子凸齿接近磁头边缘时,磁通量 Φ 急剧增多,磁通变化率最大,感应电动势 E 最高,如图 2-26 中曲线上的 b 点所示。转子转过 b 点位置后,虽然磁通量 Φ 仍在增多,但磁通变化率减小,因此感应电动势 E 降低。

当转子旋转到凸齿的中心线与磁头的中心线对齐〔见图 2-24 (b)〕时,虽然转子凸齿与磁头间的气隙最小、磁路磁阻最小、磁通量 Φ 最大,但是由于磁通量不可能继续增加,磁通变化率为零,因此感应电动势 E 为零,如图 2-26 中曲线上的 c 点所示。

当转子沿顺时针方向继续旋转、转子凸齿离开磁头〔见图 2-24 (c)〕时,转子凸齿与磁头间的气隙增大、磁路磁阻增大、磁通量 Φ 减少,所以感应电动势 E 为负值,如图 2-26 中曲线 cda 所示。当转子凸齿转到将要离开磁头边缘时,磁通量 Φ 急剧减少,磁通变化率达到负向最大值,感应电动势 E 也达到负向最大值,如图 2-26 中曲线上的 d 点所示。

由此可见,信号转子每转过一个凸齿,传感线圈中就会产生一个周期的交变电动势,即电动势出现一次最大值和一次最小值,传感线圈也就相应地输出一个交变电压信号。

电磁感应式曲轴位置传感器的突出优点是不需要外加电源,永久磁铁起着将机械能转换为电能的作用,其磁能不会损失。当发动机转速变化时,转子凸齿转动的速度将发生变化,铁芯中的磁通变化率也将随之发生变化。转速越高,磁通变化率就越大,传感线圈中的感应电动势也就越高。当转速不同时,传感线圈中的磁通量 Φ 和电动势 E 波形如图 2-26 所示。

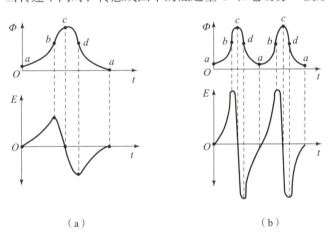

图 2-26 传感线圈中的磁通量 Φ 和电动势 E 波形
(a) 低速时输出波形; (b) 高速时输出波形

由于转子凸齿与磁头间的气隙直接影响磁路的磁阻和传感线圈输出电压的高低,因此转子凸齿与磁头间的气隙在使用中不能随意变动。气隙如有变化,则必须按规定进行调整,气隙大小一般设计为 0.2~0.4 mm。

2. 霍尔式曲轴位置传感器凸轮轴位置传感器

1) 霍尔式曲轴位置传感器凸轮轴位置传感器结构组成

霍尔式传感器与电磁感应式传感器的不同是需要外加电源。霍尔式曲轴位置传感器、凸轮轴位置传感器主要由转子、永久磁铁、霍尔晶体管和放大器等部件组成,如图 2-27 所示。转子安装在转子轴上。霍尔集成电路由霍尔元件、放大电路、稳压电路、温度补偿电路、信号变换电路和输出电路等组成。

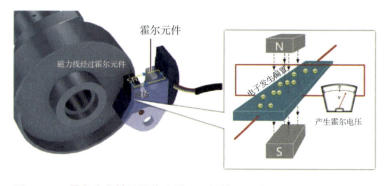

扫码观看—霍尔
式凸轮轴位置传
感器工作原理

图2-27　霍尔式曲轴位置传感器、凸轮轴位置传感器的基本结构组成

2）霍尔式曲轴位置传感器凸轮轴位置传感器的工作原理

霍尔效应原理如图2-28所示，把一个通有电流的长方体形铂金导体垂直于磁力线放入磁感应强度为 B 的磁场中，在铂金导体的两个横向侧面上就会产生一个垂直于电流方向和磁场方向的电压 U_H，当磁场消失时电压立即消失，该电压称为霍尔电压。U_H 与通过铂金导体的电流 I 和磁感应强度 B 成正比。

扫码观看—霍尔式
曲轴位置传感器
工作原理

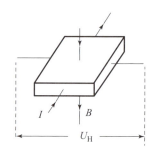

图2-28　霍尔效应原理

利用霍尔效应制成的元件称为霍尔元件，利用霍尔元件制成的传感器称为霍尔效应式传感器，简称霍尔式传感器或霍尔传感器。直到1947年发现半导体器件之后霍尔效应才在自动控制技术领域得以应用，从20世纪70年代开始在汽车技术领域得到广泛应用。实验证明，半导体材料也存在霍尔效应，且霍尔系数远远大于金属材料的霍尔系数。因此，一般用半导体材料制造霍尔元件。利用霍尔效应不仅可以通过接通和切断磁场来检测电压，而且可以检测导线中流过的电流，因为导线周围的磁场强弱与流过导线的电流成正比。20世纪80年代以来，汽车上应用的霍尔式传感器数量与日俱增，主要原因在于霍尔式传感器有两个突出优点：一是输出电压信号近似于方波信号；二是输出电压的高低与被测物体的转速无关。

当转子随转子轴一同转动时，转子上的叶片便在霍尔集成电路与永久磁铁之间转动，霍尔集成电路中的磁场会发生变化，霍尔元件会产生霍尔电压，经过信号处理电路处理后即可输出方波信号。

当传感器轴转动时，转子上的叶片便从霍尔集成电路与永久磁铁之间的气隙中转过。当叶片进入气隙时，霍尔集成电路中的磁场被叶片旁路，霍尔电压 U_H 为零，霍尔集成电路输出极的三极管截止，传感器输出的信号电压 U_0 为高电平。实验表明，当电源电压 $U_{cc}=14.4\text{ V}$ 时，信号电压 $U_0=9.8\text{ V}$；当电源电压 $U_{cc}=5\text{ V}$ 时，信号电压 $U_0=4.8\text{ V}$。

当叶片离开气隙时,永久磁铁的磁通便经霍尔集成电路和导磁钢片构成回路,此时霍尔元件产生电压($U_H = 1.9 \sim 2.0$ V),霍尔集成电路输出极的三极管导通,传感器输出的信号电压 U_0 为低电平。实验表明,当电源电压 $U_{cc} = 14.4$ V 或 $U_{cc} = 5$ V 时,信号电压 $U_0 = 0.1 \sim 0.3$ V。

四、曲轴位置传感器、凸轮轴位置传感器的信号特性

电磁感应式曲轴位置传感器输出正弦模拟信号,光电式、霍尔式曲轴位置传感器与凸轮轴位置传感器输出数字方波信号,如图 2-29 所示。

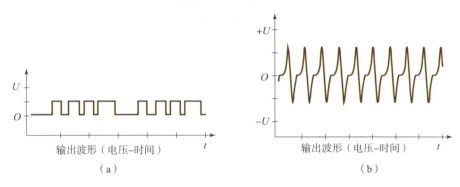

图 2-29 曲轴位置传感器、凸轮轴位置传感器输出的信号波形
(a) 数字方波信号;(b) 正弦模拟信号

一、光电式曲轴位置传感器、凸轮轴位置传感器的结构组成

日产公司生产的光电式曲轴位置传感器、凸轮轴位置传感器是由分电器改进而成的,主要由信号发生器、信号盘(信号转子)、配电器、传感器壳体和线束插头等部件组成,如图 2-30 所示。

信号盘是传感器的信号转子,压装在传感器轴上,在靠近信号盘边缘位置制作有间隔弧度均匀的内、外两圈透光孔。外圈制作有 360 个长方形透光孔(缝隙),间隔弧度为 1°(透光孔占 0.5°,遮光部分占 0.5°),用于产生曲轴转角与转速信号;内圈制作有 6 个透光孔(长方形孔),间隔弧度为 60°,用于产生各个气缸的上止点位置信号,其中有 1 个长方形宽边稍长的透光孔,用于产生第一缸上止点位置信号。

信号发生器固定在传感器壳体上,由 Ne 信号(曲轴位置信号)发生器、G 信号(凸轮轴位置信号)发生器以及信号处理电路组成,Ne 信号与 G 信号发生器均由一只发光二极管和一只光敏三极管组成,两只二极管分别对着两只光敏三极管。

图 2-30 光电式曲轴位置传感器、凸轮轴位置传感器结构
1—配电器轴；2—曲轴转角传感器；3—发光光敏；4—信号盘；5—信号发生器

二、曲轴转速、转角信号和气缸识别信号的产生原理

光电式传感器的工作原理如图 2-31 所示，因为传感器轴上的斜齿轮与发动机配气机构凸轮轴上的斜齿轮啮合，所以当发动机带动传感器轴转动时，信号盘上的透光孔便从信号发生器的发光二极管与光敏三极管之间转过。

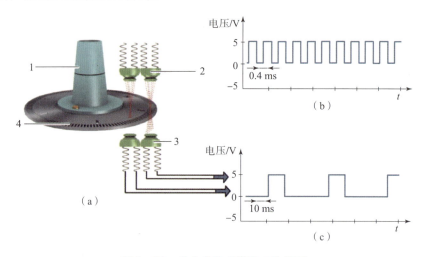

扫码观看—光电式曲轴位置传感器工作原理

图 2-31 光电式传感器的工作原理
(a) 光电式传感器结构；(b) 怠速波形（电压-时间）1°曲轴转角信号；
(c) 怠速波形（电压-时间）120°曲轴转角信号
1—遮光盘轴；2—光源；3—光接收器；4—遮光盘

当信号盘上的透光孔旋转到发光二极管与光敏三极管之间时，发光二极管发出的光线就会照射到光敏三极管上，此时光敏三极管导通，其集电极输出低电平（0.1~0.3 V）；

当信号盘上的遮光部分旋转到发光二极管与光敏三极管之间时,发光二极管发出的光线就不能照射到光敏三极管上,此时光敏三极管截止,其集电极输出高电平(4.8~5.2 V)。如果信号盘连续旋转,透光孔和遮光部分就会交替地输出高电平和低电平。

当传感器轴随曲轴和凸轮轴转动时,信号盘上的透光孔和遮光部分便从发光二极管与光敏三极管之间转过,发光二极管发出的光线受信号盘透光和遮光作用会交替照射到信号发生器的光敏三极管上,信号传感器就会产生与曲轴位置和凸轮轴位置对应的脉冲信号。日产公司采用的光电式曲轴位置传感器、凸轮轴位置传感器的输出波形如图2-32所示。

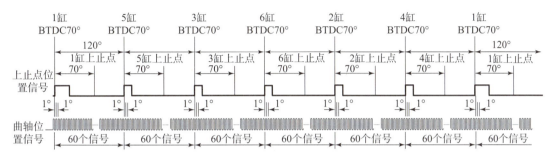

图2-32 日产公司采用的光电式曲轴位置传感器、凸轮轴位置传感器的输出波形

三、曲轴转速、转角信号和气缸识别信号的特性

由于曲轴旋转两圈,传感器轴带动信号盘旋转一圈,因此G信号传感器将产生6个脉冲信号,Ne信号传感器将产生360个脉冲信号。因为G信号透光孔间隔角度为60°,曲轴每旋转120°就会产生一个脉冲信号,所以通常G信号称为120°信号。设计安装应保证120°信号在上止点前70°(BTDC70°)时产生,且长方形宽边稍长的透光孔产生的信号对应于发动机第一缸活塞上止点前70°,以便于ECU控制喷油提前角与点火提前角。因为Ne信号透光孔间隔角度为1°(透光孔占0.5°,遮光部分占0.5°),所以在每一个脉冲周期中,高、低电平各占1°曲轴转角,360个信号表示曲轴旋转720°。

由图2-32可知,当发动机ECU接收到G信号发生器输入的宽脉冲信号时,可确定第一缸活塞处于压缩上止点前70°位置;ECU接收到下一个G信号时,则判定第五缸活塞处于压缩上止点前70°位置。ECU接收到每一个上止点位置信号(G信号)后,根据曲轴转角信号(Ne信号)便可将喷油提前角和点火提前角的控制精度控制在1°(曲轴转角)内。

 操作指引

1. 课前准备

(1)场地设施:举升机一台,装有废气抽排系统和消防设施的场地;
(2)设备设施:迈腾轿车;
(3)工量具:常用工具(一套)、车辆故障诊断仪、示波器、万用表等;
(4)耗材:保险丝、线束、曲轴位置传感器、凸轮轴位置传感器等;

（5）学生组织：教师指导、分组实训、过程评价。

2. 注意事项

（1）穿着干净整洁的工作服；
（2）遵守场地安全规定，注意用电安全；
（3）插拔车辆故障诊断仪时一定要关闭点火开关；
（4）正确使用万用表、示波器等工量具；
（5）在检测曲轴位置传感器、凸轮轴位置传感器时，严禁用力拉扯线束。

迈腾 1.8TSI CEA 发动机曲轴位置传感器 G28 安装在曲轴后面的飞轮附近，其安装位置如图 2-33 所示。曲轴位置传感器电路如图 2-34 所示，该传感器有两个端子 T2jp/1、T2jp/2。

图 2-33　迈腾 1.8TSI CEA 发动机曲轴位置传感器的安装位置

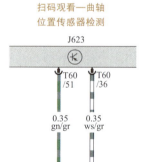

图 2-34　曲轴位置传感器电路

迈腾 1.8TSI CEA 发动机霍尔式凸轮轴位置传感器 G40 安装在气缸盖罩上方，其安装位置如图 2-35 所示。凸轮轴位置传感器电路如图 2-36 所示，该传感器 T3bj/1 为传感器 5V 电源端子，T3bj/2 为传感器信号端子，T3bj/3 为传感器搭铁端子。

1. 故障原因分析

一辆 2012 款迈腾 1.8T 轿车，装备 BYJ 发动机，行驶里程 8.6 万 km。客户李先生反映该车发动机故障灯常亮、加速无力，熄火再起动，故障灯还是常亮。引起此故障的因素有多个，可能是进气系统故障、燃油供给系统故障、点火系统故障或发动机电控系统故障。现在需要使用诊断仪器、设备和工具做进一步检测。

图 2-35 迈腾 1.8TSI CEA 发动机霍尔式凸轮轴位置传感器的安装位置

扫码观看—凸轮轴位置传感器检测

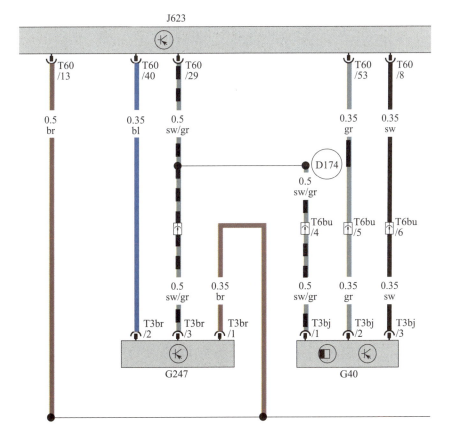

图 2-36 凸轮轴位置传感器电路

2. 读取发动机故障码和曲轴位置传感器、凸轮轴位置传感器的数据流

1）读取故障码

用车辆故障诊断仪 VAS6150 读取故障码，显示发动机有故障，故障码为"00835 P0343 凸轮轴位置传感器 G40 过大信号 静态"，故障码不能清除，如图 2-37 所示。

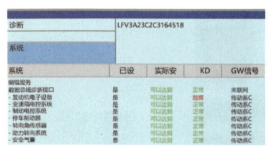
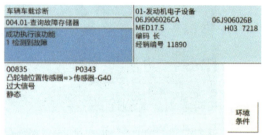

图 2-37 读取故障码

2）读取数据流

用车辆故障诊断仪 VAS6150 读取数据流，读取 91 组数据，第三区和第四区固定为 38.0°KW，加油不变化，如图 2-38 所示。

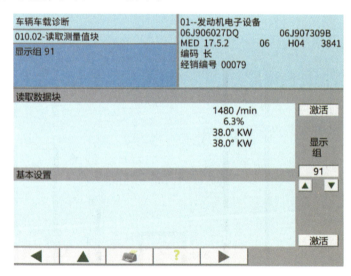

图 2-38 读取数据流

根据故障码和数据流，初步诊断造成此故障的可能原因如下：
（1）凸轮轴位置传感器存在故障；
（2）凸轮轴位置传感器到 ECU 的线路、插头存在故障；
（3）发动机 ECU 本身有故障。

3. 检测曲轴位置传感器、凸轮轴位置传感器的线路

1）检测凸轮轴位置传感器的电源电压

关闭点火开关，拔下凸轮轴位置传感器插头，将点火开关置于"ON"位置。将万用

表旋转开关置于直流电压挡,检测传感器插头 1 号端子与搭铁之间的电压,电压应为 5 V 左右,如图 2-39 所示。

图 2-39　凸轮轴位置传感器电源电压的检测

2) 检测凸轮轴位置传感器搭铁

关闭点火开关,拔下凸轮轴位置传感器插头,用万用表检测凸轮轴位置传感器插头 3 号端子与搭铁之间的电阻,阻值应小于 1 Ω,如图 2-40 所示。

图 2-40　凸轮轴位置传感器搭铁的检测

3) 检测凸轮轴位置传感器信号

起动发动机,用万用表检测凸轮轴位置传感器信号电压,信号电压在 0~5 V 内变化。

4) 检测曲轴位置传感器、凸轮轴位置传感器线路电阻

关闭点火开关,断开曲轴位置传感器、凸轮轴位置传感器连接器,检测两个传感器插头端与发动机 ECU 对应端子之间的电阻,阻值应小于 1 Ω。

4. 检测曲轴位置传感器、凸轮轴位置传感器波形

检测发动机怠速和发动机转速为 2 000 r/min 时的曲轴位置传感器波形,如图 2-41、

图 2-42 所示。

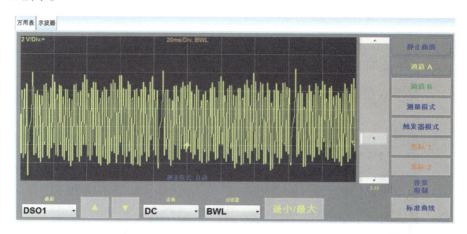

图 2-41　发动机怠速时的曲轴位置传感器波形

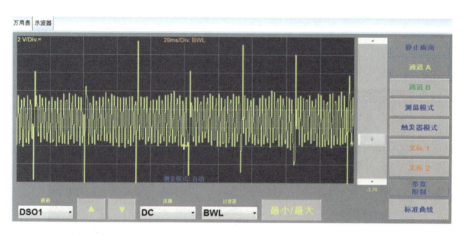

图 2-42　发动机转速为 2 000 r/min 时的曲轴位置传感器波形

从曲轴位置传感器波形图可以看出，曲轴位置传感器输出的信号电压和频率随着转速的升高而升高。

检测发动机怠速时和发动机转速为 2 000 r/min 时的凸轮轴位置传感器波形，如图 2-43、图 2-44 所示。

从凸轮轴位置传感器波形图可以看出，凸轮轴位置传感器的信号频率随着转速的升高而升高，但是电压不会发生变化。

5. 更换曲轴位置传感器、凸轮轴位置传感器

如果曲轴位置传感器、凸轮轴位置传感器发生故障，则应按维修手册要求更换相应的传感器。

6. 故障排除小结

霍尔式传感器产生的方波信号是由发动机 ECU 提供的正电位被霍尔式传感器下拉形

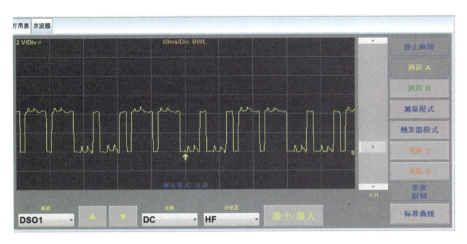

图 2-43 发动机怠速时的凸轮轴位置传感器波形

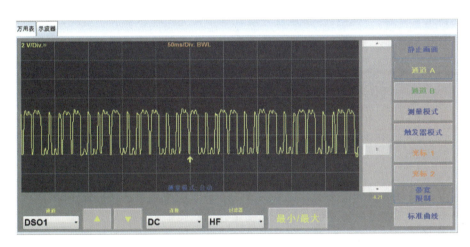

图 2-44 发动机转速为 2 000 r/min 时的凸轮轴位置传感器波形

成的。产生过大信号的原因是：发动机 ECU 损坏、发动机 ECU 到 G40 的线路故障（信号线断路）、G40 本身损坏。进行故障检测和诊断时，不要盲目更换零部件，要学会使用车辆故障诊断仪，通过故障原因分析和检测最终确定故障点，并按照维修手册要求修复故障。

任务小结

（1）凸轮轴位置传感器用来检测凸轮轴位置信号，并将其输送给 ECU，以便于 ECU 确定第一缸压缩上止点，从而进行顺序喷油控制和点火时刻控制。

（2）如果凸轮轴位置传感器或曲轴位置传感器损坏，可能会造成发动机起动困难或不能起动。

（3）曲轴位置传感器、凸轮轴位置传感器检修项目包括读取该传感器的数据流、检测该传感器的线路、检测该传感器的波形及更换该传感器等。

任务4　温度传感器检修

任务描述

一辆2012款迈腾B7L 1.8T轿车，装备BYJ发动机，行驶里程8.6万km。客户李先生反映该车发动机起动后散热器风扇常转，此车正常保养，还没出过故障。

散热器风扇常转，一般故障出现在发动机电控系统或冷却系统。当冷却液温度传感器或进气温度传感器出现故障时，可能会出现散热器风扇常转等故障现象。若判断故障发生在冷却液温度传感器或进气温度传感器，则需要对冷却液温度传感器或进气温度传感器进行检修。

学习目标

1. 知识目标

（1）了解冷却液温度传感器、进气温度传感器的功用；

（2）知道冷却液温度传感器、进气温度传感器的类型；

（3）熟悉冷却液温度传感器和进气温度传感器的组成结构、工作原理及信号特性。

2. 能力目标

（1）能在实车上找到冷却液温度传感器、进气温度传感器的安装位置；

（2）能运用检测和诊断设备对冷却液温度传感器、进气温度传感器进行检测与诊断；

（3）能参照维修手册对冷却液温度传感器、进气温度传感器进行更换。

3. 素质目标

（1）具备信息查询和维修手册使用的基本能力；

（2）能够按照维修工艺要求和安全生产规范进行操作，并在操作完成后给客户提供相关用车建议；

（3）具有主动辅导后进同学、与同学共同进步的能力；

（4）具有自主学习行业新知识、新技术的能力。

建议学时：4 学时

知识准备

在车辆上安装的众多传感器中，与发动机电控系统相关的温度传感器较多，如冷却液温度传感器、进气温度传感器、机油温度传感器与排气温度传感器等。各个温度传感器把信号送给 ECU，ECU 使发动机工作在最佳状态。下面以冷却液温度传感器、进气温度传感器为例，介绍温度传感器的功用、结构组成和工作原理。

一、温度传感器的功用

1. 冷却液温度传感器的作用

冷却液温度传感器（Coolant Temperature Sensor，CTS）通常又称为水温传感器，属于负温度系数型热敏电阻式温度传感器，安装在发动机冷却液出水管上，其功能是检测发动机冷却液的温度，并将其转换成电信号后传送给 ECU。ECU 根据发动机的温度信号修正喷油时间和点火时间，从而使发动机的工况处于最佳状态。发动机冷却液温度传感器如图 2-45 所示。

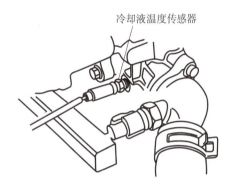

图 2-45 发动机冷却液温度传感器

冷却液温度信号是许多控制功能的修正信号，如喷油量修正、点火提前角修正和活性炭罐电磁阀控制等。冷却液温度信号也是汽车上其他电控系统的重要参考信号，如自动变速器电控系统和自动空调系统等。在一些车辆的自动变速器电控系统中，若检测到发动机冷却液温度低于 60 ℃，为保护行驶装置，自动变速器控制单元将进入"安全运行模式"，不会允许车辆升入超速挡，车辆只能在 90 km/h 以下的速度行驶。如果冷却液温度传感器发生故障或信号中断，发动机 ECU 将起动备用模式，把水温设定在 80 ℃ 左右，同时记录故障码。此时车辆虽然能够正常行驶，但会导致发动机冷、热车均起动困难，油耗增加，怠速稳定性降低，废气排放量升高等。

2. 进气温度传感器的作用

进气温度传感器（Intake Air Temperature Sensor，IATS）的作用是检测进气温度，并将温度信号转换为电信号输入发动机 ECU。进气温度传感器如图 2-46 所示。进气温度信号是多种控制功能的修正信号，如燃油脉宽、点火正时、怠速控制和尾气排放等。若进气温度信号中断，则会导致发动机热起动困难、燃油脉宽增加、尾气排放恶化。

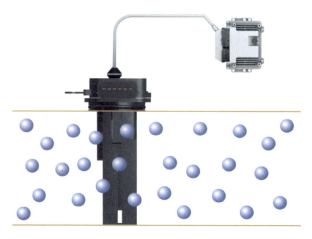

图 2-46 进气温度传感器

二、温度传感器的分类

1. 按检测对象分类

温度传感器按检测对象可分为进气温度传感器、冷却液温度传感器、排气温度传感器和机油温度传感器等,如图 2-47 所示。这种分类方法简单实用,使用者根据测量对象即可方便地选择使用所需的传感器。

图 2-47 温度传感器分类
(a) 冷却液温度传感器;(b) 进气温度传感器;(c) 机油温度传感器;(d) 排气温度传感器

2. 按结构与物理性能分类

温度传感器的种类很多,按结构与物理性能可分为热敏电阻式、金属热电阻式、线绕电阻式和半导体晶体管式等。现代汽车广泛采用的是热敏电阻式温度传感器。

三、热敏电阻式温度传感器的结构组成

下面以热敏电阻式温度传感器为例,介绍温度传感器的结构组成。

热敏电阻又可分为正温度系数型热敏电阻、负温度系数型热敏电阻、临界温度型热敏电阻和线性热敏电阻。汽车上常用的是负温度系数型热敏电阻式温度传感器。热敏电阻是利用陶瓷半导体材料的电阻阻值随温度变化而变化的特性制成的,其突出优点是灵敏度

高、响应及时、结构简单、制造方便、成本低廉。热敏电阻式温度传感器主要由热敏电阻、金属或塑料壳体、接线插座与连接导线组成。

热敏电阻是温度传感器的主要部件,汽车用的热敏电阻是在陶瓷半导体材料中掺入适量金属氧化物,并在1 000 ℃以上的高温条件下烧结而成的,控制掺入氧化物的比例和烧结温度即可得到不同特性的热敏电阻,从而满足使用要求。例如,如果测量发动机冷却液温度,则热敏电阻的工作温度为 -30~130 ℃;如果测量发动机的排气温度,则热敏电阻的工作温度为600~1 000 ℃。

热敏电阻的外形制作成珍珠形、圆盘形、垫圈形、梳状芯片形和厚膜形等,放置在传感器的金属管壳内。在热敏电阻的两个端面各引出一个电极连接到传感器插座上。热敏电阻式温度传感器的结构如图2-48所示。

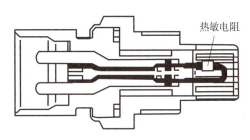

图2-48 热敏电阻式温度传感器的结构

传感器壳体制作有螺纹,以便于安装与拆卸。接线插座分为单端子式和双端子式两种,中高档轿车燃油喷射系统一般采用双端子式温度传感器,低档轿车燃油喷射系统以及汽车仪表一般采用单端子式温度传感器。如果传感器插座上只有一个接线端子,则壳体为传感器的一个电极。

四、热敏电阻式温度传感器的工作原理

1. 车用温度传感器的特性与电路

汽车电子控制系统普遍采用负温度系数型热敏电阻式温度传感器,其阻值与温度的关系曲线如图2-49所示。负温度系数型热敏电阻具有温度升高、阻值减小,温度降低、阻

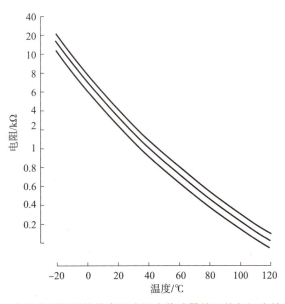

图2-49 负温度系数型热敏电阻式温度传感器的阻值与温度的关系曲线

值增大特性,而且呈明显的线性关系。

2. 工作原理

温度传感器的两个电极用导线与 ECU 插座连接,ECU 内部串联一只分压电阻,ECU 为由热敏电阻和分压电阻组成的分压电路提供一个稳定的电压(5 V),温度传感器输入 ECU 的信号电压等于热敏电阻上的分压,其工作电路如图 2 - 50 所示。

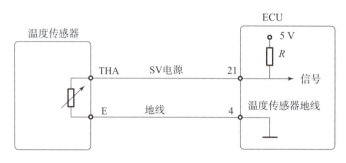

图 2 - 50 温度传感器的工作电路

当被测对象的温度升高时,温度传感器阻值减小,热敏电阻上的分压降低;反之,当被测对象的温度降低时,温度传感器阻值增大,热敏电阻上的分压升高。ECU 根据接收到的信号电压可计算出对应的温度,从而进行实时控制。

操作指引

1. 课前准备

(1) 场地设施:举升机一台,装有废气抽排系统和消防设施的场地;
(2) 设备设施:迈腾轿车;
(3) 工量具:常用工具(一套)、车辆故障诊断仪、示波器、万用表等;
(4) 耗材:保险丝、线束、冷却液温度传感器、进气温度传感器等;
(5) 学生组织:教师指导、分组实训、过程评价。

2. 注意事项

(1) 穿着干净整洁的工作服;
(2) 遵守场地安全规定,注意用电安全;
(3) 插拔车辆故障诊断仪时一定要关闭点火开关;
(4) 正确使用万用表、示波器等工量具;
(5) 在检测冷却液温度传感器时,严禁用力拉扯线束。

任务实施

迈腾 1.8T BYJ 发动机安装有两个冷却液温度传感器,冷却液温度传感器 1 G62 安装在发动机缸体上,如图 2 - 51 (a) 所示;冷却液温度传感器 2 G83 安装在散热器出口上,如图 2-51（b）所示；进气温度传感器 G42 安装在进气歧管上，如图 2-51（c）所示。迈腾 1.8T 发动机冷却液温度传感器、进气温度传感器的电路如图 2-52 所示。冷却液温度传感器 1G62 的 2 号端子与进气温度传感器 G42 的 2 号端子共用搭铁，1 号端子共同供电。

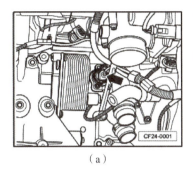
（a）

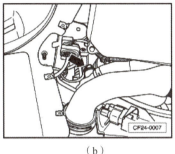
（b）

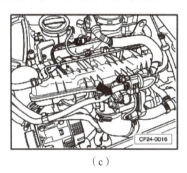
（c）

图 2-51　迈腾 1.8T 发动机冷却液温度传感器、进气温度传感器安装位置

（a）冷却液温度传感器 1G62；（b）冷却液温度传感器 2 G83；（c）进气温度传感器 G42

图 2-52　迈腾 1.8T 发动机冷却液温度传感器、进气温度传感器的电路

扫码观看一进气温度传感器检测

扫码观看一冷却液温度传感器检测

1. 故障原因分析

客户李先生反映一辆装备 BYJ 发动机的 2012 款迈腾 B7L 1.8T 轿车，发动机起动后散热器风扇常转，引起此故障的因素有多个，可能是发动机冷却系统故障、空调系统故障或发动机电控系统故障等。现在需要使用诊断仪器、设备和工具做进一步检测。

2. 故障诊断与排除过程

1）读取冷却液温度传感器、进气温度传感器数据流

将车辆故障诊断仪连接到诊断座 DLC3，打开点火开关和车辆故障诊断仪，测量冷却液温度传感器的数据流，如图 2-53 所示。

地址列	ID	测量值	数值	单位	目标值
01	1.1	发动机转速	2 200	r/min	
01	1.2	冷却液温度	51.0	℃	

图 2-53　冷却液温度传感器的数据流

冷却液温度传感器的数据流显示发动机冷却液的当前温度，在暖机过程中该温度随着发动机冷却液温度的升高而升高。

用车辆故障诊断仪 VAS6150 读取故障码，发动机控制单元内存有"00274 进气温度传感器 - G42 信号太小 静态"故障，其余均正常，故障清除后马上再现，如图 2-54 所示。

图 2-54　读取故障码

通过故障码分析得出散热器风扇常转是由此故障导致的。

发生此故障的可能原因如下：

（1）进气温度传感器 G42 存在故障；

（2）进气温度传感器到 ECU 的线路、插头存在故障；

（3）发动机 ECU 本身有故障。

2）检测进气温度传感器、冷却液温度传感器线路

（1）检测进气温度传感器电源电压。

关闭点火开关，拔下进气温度传感器插头，将点火开关置于"ON"位置，用万用表检测进气温度传感器插头 1 号端子与搭铁之间的电压，电压应为 5 V 左右，如图 2-55 所示。

重新连接进气温度传感器连接器，起动发动机，检测信号线端子电压，电压应为 0～5 V。

（2）检测进气温度传感器搭铁线路。

图 2-55 进气温度传感器电源电压的检测

关闭点火开关,拔下进气温度传感器插头,用万用表检测进气温度传感器插头 2 号端子与搭铁之间的电阻,阻值应小于 1 Ω,如图 2-56 所示。

图 2-56 进气温度传感器搭铁线路的检测

(3) 检测进气温度传感器线路电阻。

关闭点火开关,断开进气温度传感器连接器,检测进气温度传感器插头与发动机 ECU 对应端子之间的电阻,阻值应小于 0.5 Ω。

(4) 检测进气温度传感器自身电阻。

关闭点火开关,拔下进气温度传感器插头,用万用表检测进气温度传感器插头 1 号端子与 2 号端子之间的电阻,阻值应随温度变化而变化,当进气温度为 27 ℃ 时,阻值约为 1.99 kΩ。冷却液温度传感器的检测项目和方法与进气温度传感器的检测项目和方法是一样的,这里不再重复。

该车故障码反映出进气温度传感器 G42 有故障,检查进气温度传感器插头及线束,关闭点火开关,检查进气温度传感器插头,插头插接正常,无松动和氧化现象。查找电路图,检查进气温度传感器线束,该线束无短路或断路现象。

检测进气温度传感器自身电阻,如图 2-57 所示。经检测,故障车辆进气温度传感器 G42 的阻值为 10.9 Ω,与实际不符,因此判断由于进气温度传感器 G42 本身发生短路,发动机控制单元接收到较小的进气温度信号,故出现散热器风扇常转现象。

图 2-57 进气温度传感器 G42 自身电阻的检测

3. 更换进气温度传感器、冷却液温度传感器

如果进气温度传感器、冷却液温度传感器发生故障,则应按维修手册要求更换相应的传感器。通过检测之后发现该车进气温度传感器 G42 损坏,按照维修手册要求更换新的进气温度传感器 G42,清除故障码,再次读取故障码,故障码不再重现,散热器风扇工作正常,发动机工作正常。

4. 故障排除小结

进气温度信号是发动机 ECU 控制散热器风扇运转的一个辅助信号,当发动机 ECU 接收到一个错误的进气温度信号时,为了防止对发动机造成损伤,需要控制风扇常转。案例中的进气温度传感器 G42 内部短路,使进气温度信号过小,导致风扇常转,拔下进气温度传感器 G42 的插头后,读取的故障为"00275 温度传感器-G42 过大信号 静态",此时也会出现散热器风扇常转现象。进行故障检测和诊断时,不要盲目更换零部件,要学会使用车辆故障诊断仪,通过故障原因分析和检测最终确定故障点,并按照维修手册要求修复故障。

(1) 进气温度传感器用来检测发动机进气温度,并将进气温度信号转换成电信号输入 ECU,ECU 据此计算并修正喷油量。

(2) 冷却液温度传感器用来检测发动机冷却液的温度,并将温度信号转换成电信号传送给发动机 ECU,发动机 ECU 根据该信号修正喷油时间和点火时间,使发动机工况处于最佳运行状态。

(3) 进气温度传感器和冷却液温度传感器采用负温度系数型热敏电阻。

(4) 冷却液温度传感器、进气温度传感器检修项目包括读取温度传感器的数据流、检测温度传感器的线路、检测温度传感器的波形及更换温度传感器等。

项目三
进气控制系统原理与检修

📝 项目描述

进气控制系统是发动机电控系统的重要组成部分，其作用是将新鲜气体或纯净的空气尽可能多地供入气缸，并尽可能使各气缸进气量保持一致，为各气缸热功转换提供物质基础。进气控制系统的功能是根据发动机转速和负荷的变化对发动机的进气量进行控制，以提高发动机的充气效率，从而改善发动机的动力性。大众EA888发动机进气系统如图3-1所示。

如果进气控制系统发生故障，发动机会出现怠速不稳、抖动、运转无力和爆燃等现象。

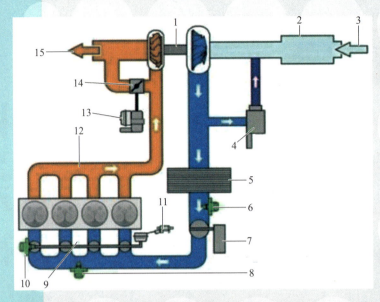

图 3-1 大众 EA888 发动机进气系统

1—涡轮增压器；2—空气滤清器；3—新鲜空气气流；4—涡轮增压器空气再循环阀；5—增压空气冷却器；6—增压压力传感器；7—节气门模块（包括电子节气门驱动装置、电子节气门驱动装置角度传感器1/2、进气歧管翻板电位计、节气门组件）；8—进气歧管传感器（包括增压压力传感器、进气温度传感器、进气歧管压力传感器）；9—进气歧管翻板；10—进气歧管翻板电位计；11—进气歧管翻板阀；12—排气歧管；13—增压压力定位器；14—废气旁通阀；15—废气气流

本项目主要学习任务

空气流量传感器检修
节气门体检修
废气涡轮增压系统检修
可变气门正时结构检修

项目三 进气控制系统原理与检修

任务1　空气流量传感器检修

一辆2009款迈腾1.8T轿车，装备BYJ发动机，行驶里程8.6万km。客户李先生反映该车在行驶中发动机突然熄火，熄火后多次尝试起动发动机都无法着车，此前车辆并未维修过。

在发动机机械系统正常的情况下，发动机无法着车，如图3-2所示，一般故障出现在发动机电控系统的传感器、ECU或执行器。当空气流量传感器出现故障时，可能会出现发动机无法起动、怠速不稳、点火推迟、尾气排放恶劣等故障现象。若判断故障发生在空气流量传感器，则需要对空气流量传感器进行检修。

图3-2　汽车无法着车

1. 知识目标

（1）了解空气流量传感器的功用；
（2）知道空气流量传感器的类型；
（3）掌握热膜式空气流量传感器的组成结构、工作原理及信号特性。

2. 能力目标

（1）能在实车上找到空气流量传感器的安装位置；
（2）能运用检测和诊断设备进行空气流传感器的检测与诊断；
（3）能参照维修手册进行空气流量传感器的更换。

3. 素质目标

（1）能熟练使用维修手册等维修资料查询空气流量传感器的相关信息；

061

（2）能够按照企业 7S 要求和安全生产规范完成对空气流量传感器的检测与诊断；
（3）能够与同学密切合作，完成任务，并能正确评价操作情况；
（4）能自主学习关于空气流量传感器的新知识、新技术。

建议学时：4 学时

知识准备

在汽车发动机电控系统中，空气流量传感器是一个主要的传感器，简称空气流量计，其功用是检测发动机进气量的大小，并将空气流量信号转换成电信号输入电控单元 ECU，以供 ECU 计算喷油时间和点火时间。进气量信号是发动机 ECU 计算喷油时间和点火时间的主要依据。

一、空气流量传感器分类

按检测进气量的方式不同，空气流量传感器可分为"D"型（压力型）流量传感器和"L"型（流量型）流量传感器。"D"型流量传感器是利用压力传感器检测进气歧管内绝对压力的传感器，其测量进气量的方法属于间接测量方法。装备"D"型流量传感器的喷射系统称为"D"型燃油喷射系统。"L"型流量传感器是利用流量传感器直接测量吸入进气管的空气流量的传感器。"L"型流量传感器安装在空气滤清器与节气门之间的进气通道上，因为采用直接测量方法，所以进气量的测量精度较高。

按结构和检测原理不同，空气流量传感器可分为翼片式、卡门涡流式、热线式、热膜式四种。其中，翼片式和卡门涡流式空气流量传感器测量空气的体积量，为体积流量型；热线式和热膜式空气流量传感器测量空气的质量，为质量流量型。目前应用广泛的空气流量传感器主要是热线式空气流量传感器和热膜式空气流量传感器，如图 3-3 所示。由于热膜式空气流量传感器没有运动部件，因此没有流动阻力，而且使用寿命远远高于热线式

图 3-3　空气流量传感器
（a）热线式空气流量传感器；（b）热膜式空气流量传感器

空气流量传感器。

按信号输出类型，空气流量传感器可分为模拟型和数字型。空气流量传感器的输出信号有的是模拟信号，有的是数字信号。数字型空气流量传感器的抗干扰性要比模拟型空气流量传感器的抗干扰性强，但成本相对较高。

二、空气流量传感器的结构组成与工作原理

1. 空气流量传感器的结构组成

热膜式空气流量传感器安装在空气滤清器壳体与进气软管之间，安装位置如图3-4所示，经过过滤的空气首先经过空气流量传感器。

图3-4 热膜式空气流量传感器的安装位置

扫码观看—热膜式空气流量传感器结构

热线式与热膜式空气流量传感器主要由发热元件（热丝或热膜）、温度补偿电阻（冷丝或冷膜）、信号取样电阻和控制电路等组成。热膜式空气流量传感器是热线式空气流量传感器的改进产品，是一种将热丝电阻制成金属膜，并与其他桥式电阻一起集成在陶瓷底板上的传感器。热膜式空气流量传感器内部的进气通道上设有一个矩形护套，相当于取样管，热膜电阻设在护套中。为了防止污物沉积到热膜电阻上影响测量精度，在护套的空气入口一侧设有空气过滤层，用于过滤空气中的污物。为了防止进气温度变化影响测量精度，在护套内还设有一个铂膜式温度补偿电阻，温度补偿电阻设在热膜电阻前面靠近空气入口一侧。温度补偿电阻和热膜电阻与传感器内部控制电路连接，控制电路与线束连接器插座连接，线束插座设在传感器壳体中部。空气流量传感器结构如图3-5所示。大众直喷发动机使用的是第六代热膜式空气流量传感器（HFM6），用于测量发动机的进气量，其结构如图3-6所示。第六代热膜式空气流量传感器的特点是带有回流识别的微型传感元件，具有温度补偿的信号处理功能，测量精度高，稳定性好。

2. 空气流量传感器的工作原理

热膜式空气流量传感器采用热平衡原理来检测空气流量。根据热平衡原理，当热膜表面温度与空气温度的差值恒定时，空气的质量流量Q与热膜电流大小呈单值关系，因此，只要测出热膜电流的大小，就可以计算出空气流量。当空气流量变化时，控制电路采用惠

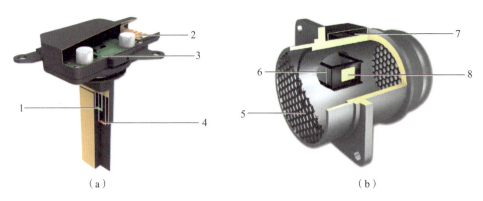

图 3-5 空气流量传感器结构
（a）热线式空气流量传感器结构；（b）热膜式空气流量传感器结构
1—温度补偿电阻；2—连接器针脚；3—控制电路；4—铂热丝；
5—护网；6—温度传感器；7—控制电路；8—热膜

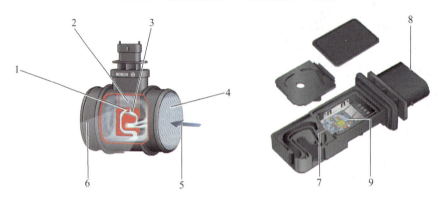

图 3-6 第六代热膜式空气流量传感器（HFM6）结构
1，7—传感器元件；2，9—传感器电子单元；3—分流；
4—阻流网；5—进气；6—测量管；8—数字接口

斯通电桥平衡原理控制热膜电流大小，以保持上述恒定温差。

空气流量传感器内部电路连接成惠斯通电桥电路，热线式与热膜式空气流量传感器原理电路如图 3-7 所示，其中发热元件电阻 R_h 和温度补偿电阻 R_t 分别连接到电桥的一个

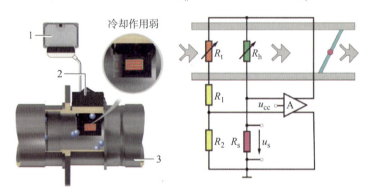

图 3-7 热线式与热膜式空气流量传感器原理电路
1—ECU；2—热膜式空气流量传感器；3—进气管

臂上，电桥各个臂的电流由控制电路 A 控制。当电桥电压平衡时，控制电路供给热膜电阻的电流 I_h（$I_h = 50 \sim 120$ mA）使其温度 T_h（$T_h \approx 120$ ℃）保持恒定，供给温度补偿电阻的电流使热膜电阻的温度与温度补偿电阻的温度 T_r 之差（$\triangle T = T_h - T_r = 100$ ℃，一般为 $100 \sim 120$ ℃）保持恒定。当空气流经温度补偿电阻和热膜电阻时，热膜电阻和温度补偿电阻冷却，温度降低，阻值减小。当热膜电阻的阻值减小时，电桥电压就会失去平衡，控制电路将增大供给热膜电阻的电流，使其温度（120 ℃）保持恒定。

电流增加值的大小取决于热膜电阻冷却的程度，即取决于流过空气流量传感器的空气量。当电桥电流增大时，取样电阻 R_s 上的电压就会升高，从而将空气流量的变化转换为信号电压 U_s 的变化。由于电阻为线性元件，因此取样电阻上的信号电压 U_s 将随空气流量的变化而呈线性变化。信号电压输入 ECU 后，ECU 便可根据信号电压的高低计算空气流量的大小。当发动机怠速或空气为热空气时，因为怠速时节气门关闭或接近全闭，所以空气流速低、流量少；又因空气温度越高，空气密度越小，所以在体积相同的情况下，热空气的质量小，热膜电阻冷却程度小，阻值减小少，保持电桥平衡需要的电流小，取样电阻上的信号电压低。当发动机负荷增大或空气为冷空气时，因为节气门开度增大，空气流速加快，使空气流量增大，而冷空气密度大，在体积相同的情况下，冷空气质量大，因此热膜电阻冷却程度大，阻值减小多，保持电桥平衡需要的电流大，当发动机负荷增大时，信号电压升高。

3. 温度补偿原理

当进气温度变化时，热膜电阻的温度会发生变化，测量进气量的精度也会受到影响。设置温度补偿电阻后，从电桥电路可以看出，当进气温度降低使热膜电阻上的电流增大时，为了保持电桥平衡，温度补偿电阻上的电流相应增大，以保证热膜电阻的温度与温度补偿电阻的温度之差保持恒定，使传感器测量精度不受进气温度变化的影响。热膜式与热线式空气流量传感器的响应速度很快，能在几毫秒时间内反映出空气流量的变化，因此其测量精度不会受到进气气流脉动（气流脉动在发动机大负荷、低转速运转时最为明显）的影响，此外传感器还具有进气阻力小、不磨损部件等优点。热膜式空气流量传感器的热膜面积远比热线式空气流量传感器的热膜面积大，并与热电阻制作在一起，因此不会因沾染污物而影响测量精度。

三、空气流量传感器的信号特性

迈腾轿车空气流量传感器输出的数字信号传递给发动机 ECU，以前发动机 ECU 接收到的是一个模拟信号，模拟信号以电压的大小来表征进气量的大小，空气流量传感器信号特性如图 3-8 所示。随着零部件的老化，热膜电阻会使信号失真。

空气流量传感器向发动机 ECU 传递一个包含所测空气质量的数字信号（频率），发动机 ECU 通过周期长度（频率）来识别测得的空气质量。数字信号相对于模拟信号对干扰不敏感。

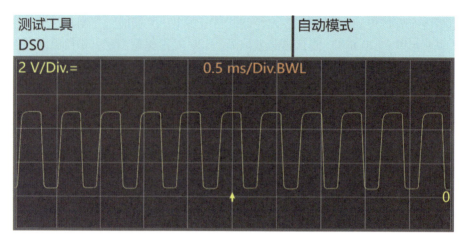

图 3-8 空气流量传感器信号特性

知识拓展

进气压力传感器（Manifold Absolute Pressure Sensor，MAPS）是"D"型燃油喷射系统中最重要的传感器之一，由于其具有体积小、工作可靠等优点，所以在丰田、本田、大众、通用等车上得到了广泛的应用。进气压力传感器检测进气系统的进气量给发动机传送进气量信号，进气量信号是发动机 ECU 计算喷油时间和点火时间的主要依据。

一、进气压力传感器的结构组成

进气压力传感器种类较多，常用的压敏电阻式进气压力传感器如图 3-9 所示，主要由硅片、真空室、集成电路和线束插接器等组成。

扫码观看—进气压力传感器结构

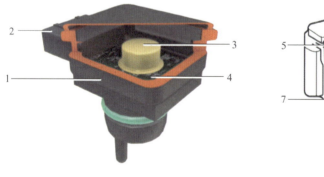
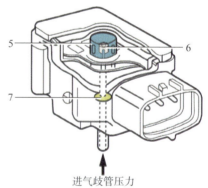

图 3-9 常用的压敏电阻式进气压力传感器
1—壳体；2—连接器；3、5—真空室；4—集成电路；6—硅膜片；7—过滤器

进气压力传感器壳体被硅膜片分割成两个互不相通的腔室，一腔室预置真空，另一腔室导入进气压力。

硅膜片是压力转换元件，用单晶硅制成。硅膜片的长和宽约为 3 mm、厚度约为 160 μm，在硅膜片的中央部位有一个采用腐蚀方法制作的直径为 2 mm、厚度约为 50 μm 的薄硅膜片；薄硅膜片的表面有四只采用集成电路加工技术与台面扩散技术制作的梳状的阻值相等的半导体压敏电阻，通常被称为固态压阻器件或固态电阻，如图 3 - 10（a）所示，并利用低阻扩散层（P 型扩散层）将四只电阻连接成惠斯通电桥电路，如图 3 - 10（b）所示，然后与进气压力传感器内部的信号放大电路和温度补偿电路等混合集成电路连接。

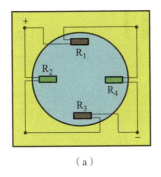 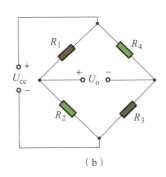

（a） （b）

图 3 - 10 硅膜片及应变电阻
（a）硅膜片结构；（b）等效电路

在薄硅膜片上，压敏电阻根据扩散制作的方向不同可分为径向电阻和切向电阻，扩散电阻的长边与薄硅膜片半径垂直的电阻称为切向电阻 R_t（如图 3 - 10 中的电阻 R_4、R_2），扩散电阻的长边与薄硅膜片半径平行的电阻称为径向电阻 R_r（如图 3 - 10 中的电阻 R_1、R_3）。

硅杯一般用线性膨胀系数接近于单晶硅（线性膨胀系数为 $3.2 \times 10^{-6}/℃$）的铁镍锆合金（线性膨胀系数为 $4.7 \times 10^{-6}/℃$）制成，设置在硅膜片与传感器底座之间，用于吸收因底座材质的热膨胀系数与硅膜片热膨胀系数不同而加到硅膜片上的热应力，从而提高传感器的测量精度。硅杯与壳体以及底座之间形成的腔室制作成真空室。壳体底部设有排气孔，利用排气孔将该腔室抽真空后，再用锡焊密封，从而形成真空室。真空室为基准压力室，基准压力室的压力一般为零。在导压管入口设有滤清器，用于过滤导入空气中的灰尘或杂质，以免硅膜片受到腐蚀和脏污而导致进气压力传感器失效。

在发动机燃油喷射系统中，如果安装了进气压力传感器，就可以不安装空气流量传感器；反之，如果安装了空气流量传感器，就可以不安装进气压力传感器。但部分车辆既安装了空气流量传感器，也安装了进气压力传感器。

二、压敏电阻式进气压力传感器的工作原理

压敏电阻式进气压力传感器结构如图 3 - 11 所示，膜片一面通真空室，另一面导入进气歧管压力。在进气歧管压力的作用下，硅膜片会产生应力。在应力的作用下，半导体压敏电阻的电阻率会发生变化，从而引起阻值变化，惠斯通电桥上阻值的平衡就会被打破。当电桥输入端输入一定的电压或电流时，在电桥的输出端可得到变化的信号电压或信号电流，根据信号电压或信号电流的大小可检测出进气歧管压力的高低。压敏电阻式进气压力传感器的原理电路如图 3 - 12 所示。

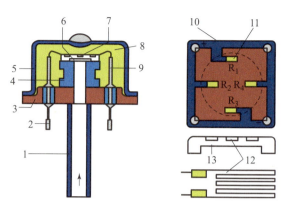

图 3-11 压敏电阻式进气压力传感器结构

1—真空管；2—引线端子；3—底座；4—硅杯；5—壳体；
6、10、13—硅膜片；7、11、12—应变电阻；
8—真空室；9—电极引线

扫码观看—进气压力传感器工作原理

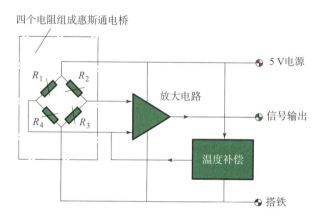

图 3-12 压敏电阻式进气压力传感器的原理电路

三、压敏电阻式进气压力传感器信号特性

当发动机工作时，进气歧管压力随进气量变化而变化。当节气门开度增大（进气量增大）时，进气流通截面积增大，气流速度降低，进气歧管压力升高，膜片应力增大，压敏电阻的阻值变化量增大，电桥输出的电压升高，经混合集成电路放大和处理后，传感器输入 ECU 的信号电压升高。反之，当节气门开度减小（进气量减小）时，进气流通截面积减小，气流速度升高，进气歧管压力降低，膜片应力减小，压敏电阻的阻值变化量减小，电桥输出电压降低，输入 ECU 的信号电压降低。

进气压力传感器的压力变化与输出电压的关系如图 3-13 所示。

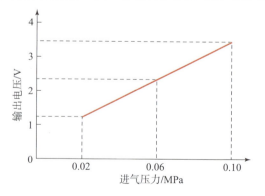

图 3-13 进气压力传感器的压力变化与输出电压的关系

项目（三） 进气控制系统原理与检修

1. 课前准备

（1）场地设施：举升机一台，装有废气抽排系统和消防设施的场地；
（2）设备设施：整车或发动机台架；
（3）工量具：常用工具（一套）、车辆故障诊断仪、示波器、万用表等；
（4）耗材：保险丝、线束、空气流量传感器等；
（5）学生组织：教师指导、分组实训、过程评价。

2. 注意事项

（1）穿着干净整洁的工作服；
（2）遵守场地安全规定，注意用电安全；
（3）插拔车辆故障诊断仪时一定要关闭点火开关；
（4）正确使用万用表、示波器等工量具；
（5）在检测空气流量传感器时，严禁用力拉扯线束；
（6）能够独立完成车辆唯一性认定检验项目。

1. 故障原因分析

客户李先生反映一辆装备 BYJ 发动机的 2009 款迈腾 1.8T 轿车，在行驶中出现发动机突然熄火，熄火后多次尝试起动发动机都无法着车的故障现象。引起此故障的因素有多个，可能是进气系统故障、燃油供给系统故障、点火系统故障或发动机电控系统故障。

扫码观看—空气流量计检测

迈腾 1.8T CEA 发动机空气流量传感器 G70 安装在空气滤清器后方，该传感器端子 T5f/1 为空气流量信号，端子 T5f/2 为搭铁，端子 T5f/3 为 12 V 电源，插头上的端子 4、端子 5 为空引脚。

现在需要使用诊断仪器、设备和工具做进一步检测。

2. 故障诊断与排除过程

1）读取故障码

用车辆故障诊断仪 VAS6150 读取故障码，车辆故障诊断仪显示两个故障码，如图 3-14 所示。

2）读取空气流量传感器数据流

将车辆故障诊断仪连接到诊断座 DLC3，打开点火开关和车辆故障诊断仪，测量数据流，发动机转速在 700～860 r/min 时进气量应为 2.0～4.5 g/s。迈腾 1.8T 空气流量传感器数据流如表 3-1 所示。

图 3-14 读取故障码

表 3-1 迈腾 1.8T 空气流量传感器数据流

地址列	ID	测量值	数值	单位
01	1.1	发动机转速	760	r/min
01	1.2	冷却液温度	36.0	℃
01	2.2	相对气体加注	25.6	%
01	3.2	空气流量	3.9	g/s
01	6.3	进气温度	30.0	℃
01	139.3	规定的空气质量总和	7.8	kg

3）检测空气流量传感器线路

（1）检测电源电压。

关闭点火开关，断开空气流量传感器连接器，将点火开关置于"ON"位置，将万用表旋转开关置于直流电压挡，用万用表检测空气流量传感器插头端子 T5f/3 与搭铁之间的电压，检测电源线的电压，电压应为电源电压，空气流量传感器电源电压如表 3-2 所示。

表 3-2 空气流量传感器电源电压

检测内容	检测条件	规定状态
电源端子与车身搭铁	点火开关"ON"	9~14 V

（2）检测空气流量传感器输出信号。

关闭点火开关，重新连接空气流量传感器连接器。起动发动机，检测空气流量传感器信号端子 T5f/1 与搭铁之间的电压，电压应为 0~5 V。

（3）检测空气流量传感器搭铁。

关闭点火开关，断开空气流量传感器连接器，检测空气流量传感器插头端子 T5f/2 与搭铁之间的电阻，阻值应小于 1 Ω。

（4）检测空气流量传感器线路电阻。

关闭点火开关，断开空气流量传感器连接器，检测空气流量传感器与发动机 ECU 对应端子的电阻，阻值应小于 0.5 Ω。

4）检测空气流量传感器波形

关闭点火开关，将无损探针插入空气流量传感器端子 T5f/1，起动发动机，用示波器观察空气流量传感器信号波形。大众迈腾 1.8T 发动机空气流量传感器的信号波形如图 3-15 所示，加速时信号频率应随之增加。

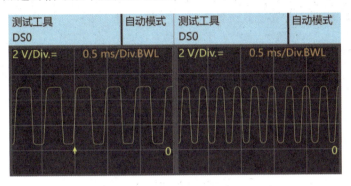

图 3-15　大众迈腾 1.8T 发动机空气流量传感器的信号波形

3. 故障排除小结

空气流量传感器损坏导致车辆在行驶中熄火。进行故障检测和诊断时，不要盲目更换零部件，要学会使用车辆故障诊断仪，通过故障原因分析和检测最终确定故障点，并按照维修手册要求修复故障。

（1）空气流量传感器输出的信号有的是模拟信号，有的是数字信号。模拟信号以电压的大小来表征进气量的大小，数字信号以信号频率的高低来识别测得的空气质量大小。

（2）空气流量传感器一旦出现故障，ECU 就不能正确控制基本喷油量和点火提前角，发动机可能出现怠速发抖、喘震、加速无力、加速回火、熄火和排放超标等故障现象。

（3）空气流量传感器检修项目包括检查空气流量传感器电源电压、检查空气流量传感器输出信号、检查空气流量传感器线束和连接器、检查空气流量传感器搭铁线路及检查空气流量传感器元件等。

任务 2　节气门体检修

一辆 2009 款迈腾 1.8TSI，发动机型号为 CEA，行驶里程 6.8 万 km。客户李先生反映

该车行驶时 EPC 灯亮，加速无力且换挡冲击大，偶尔出现发动机跛行控制现象，如图 3-16 所示。

图 3-16　节气门体故障

引起上述故障的主要原因可能有节气门位置传感器故障、节气门驱动电动机故障、加速踏板位置传感器故障等，需要对可能的故障部位进行检查，确定故障后，进行维修或部件更换。

1. 知识目标

（1）了解电子节气门系统的组成、结构与作用；
（2）知道电子节气门系统各部件的功用；
（3）掌握电子节气门系统的检修方法。

2. 能力目标

（1）能在实车上找到电子节气门系统各部件的安装位置；
（2）能运用检测和诊断设备进行电子节气门系统的检测与诊断；
（3）能参照维修手册进行电子节气门系统各部件的更换。

3. 素质目标

（1）能够利用维修手册等维修资料查询节气门体相关知识；
（2）能够按照企业 7S 要求和安全生产规范进行节气门体检修操作；
（3）能与同学合理分工、密切合作，完成工作；
（4）能自主学习节气门体相关新技术、新知识。

项目三 进气控制系统原理与检修

建议学时：8 学时

知识准备

电子节气门系统中的节气门由一个电动机进行驱动，取消了加速踏板与节气门之间的拉索。驾驶员的驾驶意愿通过加速踏板位置传感器将信号传送到发动机ECU，ECU再发出指令控制节气门开度。

一、电子节气门系统主要部件结构

电子节气门系统主要包括加速踏板位置传感器、节气门位置传感器、控制单元、节气门驱动电动机和EPC（Electronic Power Control）灯等。

1. 节气门位置传感器

节气门位置传感器（Throttle Position Sensor，TPS）安装在节气门体轴上，传统方式是由驾驶员操纵加速踏板上的拉索来控制进气量。当加速踏板被踩下时，节气门开度增大，进气量也随之增大。与此同时，空气流量传感器控制的进气量也随之增大，喷油器的喷油量也相应增多，混合气总量变大。

扫码观看一大众节气门体结构

节气门位置传感器一方面用来确定节气门的开度位置，反映发动机所处工况；另一方面反映节气门开闭的速度，在急加速或急减速时，空气流量传感器受惯性或灵敏度影响，反应速度没有那么快，这样会影响汽车的动力性能和燃油经济性能。空气流量传感器的这个缺陷可由节气门位置传感器弥补，故节气门位置传感器传送的信号也是控制喷油量的一个重要信号。在安装自动变速器的汽车上，节气门位置传感器传送的信号同时传送给变速器控制单元，以控制变速器换挡时机和变矩器锁止时机。

1）节气门位置传感器分类

按输出信号的特点不同，节气门位置传感器可分为开关量输出型（接触式）、线性输出型和综合型三类，大多数车型使用线性输出型节气门位置传感器。

扫码观看一节气门位置传感器分类

按内部结构原理的不同，节气门位置传感器可分为电位计型和霍尔元件型，其结构原理示意如图3-17所示。电位计型节气门位置传感器属于接触式传感器，利用可变电阻原理制成。霍尔元件型节气门位置传感器（又称霍尔式节气门位置传感器）属于非接触式传感器，利用霍尔效应原理制成，无接触磨损，工作可靠。

按输出节气门位置的信号个数不同，节气门位置传感器可分为单信号型和双信号型，节气门位置传感器输出信号类型如图3-18所示。双信号型节气门位置传感器工作可靠、稳定。

2）节气门位置传感器结构组成与工作原理

下面以线性输出型节气门位置传感器和霍尔式节气门位置传感器为例，介绍节气门位

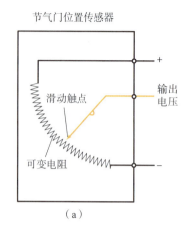
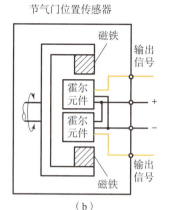

图 3-17 节气门位置传感器结构原理示意

(a) 电位计型；(b) 霍尔元件型

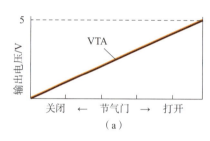
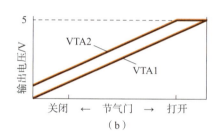

图 3-18 节气门位置传感器输出信号类型

(a) 单信号；(b) 双信号

置传感器的结构组成与工作原理。

(1) 线性输出型节气门位置传感器。

①结构组成。线性输出型节气门位置传感器是线性可变电阻结构，根据内部结构原理可以称为电位计型节气门位置传感器，其滑动端子由节气门轴带动，传感器内部一般有一个可变电阻和一个滑动触点，如图 3-17（a）所示。为了提高系统可靠性，从冗余设计或失效保护的角度考虑，目前的电位计型节气门位置传感器一般设计有两个可变电阻、两个滑动触点和两路信号输出。

科鲁兹 LDE 发动机双信号线性输出型节气门位置传感器如图 3-19 所示。科鲁兹 LDE 发动机双信号线性输出型节气门位置传感器与节气门控制电动机线束集成在一个插头上，该节气门位置传感器共有四根线，由 ECU 提供 5 V 电源和搭铁，两个可变电阻共电源共地，两个滑动触点作为两路独立的电位计信号分别连至 ECU，用于检测节气门开度。

扫码观看—节气门位置传感器工作原理

②工作原理。如图 3-19 所示，在节气门位置传感器内信号线与滑动触点相连，滑动触点可在电源和搭铁这两个端子之间滑动。当节气门开度变化时，滑动触点沿可变电阻移动，根据"串联分压"的电学原理，ECU 利用内部的电阻 R 使传感器输出的电压信号也随之变化。可变电阻上任何一点的电压都与节气门开启的角度成一定比例，该电压就是节气门位置传感器的输出信号。

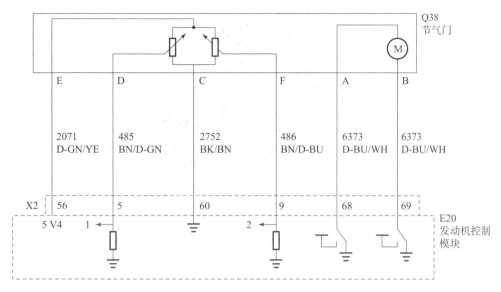

图 3-19 科鲁兹 LDE 发动机双信号线性输出型节气门位置传感器

(2) 霍尔式节气门位置传感器。

①霍尔效应。霍尔效应原理如图 3-20 所示。霍尔博士于 1879 年发现把一个通有电流 I 的长方体形白金导体垂直于磁力线放入磁感应强度为 B 的磁场中,在白金导体的两个横向侧面上会产生一个垂直于电流方向和磁场方向的电压 U_H,当磁场消失时电压立即消失。后人称该电压为霍尔电压,U_H 与通过白金导体的电流 I 和磁感应强度 B 成正比,即

$$U_H = \frac{R_H}{d} I \times B \quad (3-1)$$

式中,R_H 为霍尔系数;d 为白金导体的厚度。

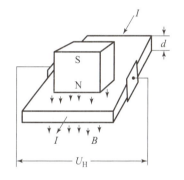

图 3-20 霍尔效应原理

利用霍尔效应制成的元件称为霍尔元件,利用霍尔元件制成的传感器称为霍尔效应式传感器,简称霍尔式传感器或霍尔传感器。

利用霍尔效应不仅可以通过接通和切断磁场来检测电压,而且可以检测导线中流过的电流,因为导线周围的磁场强度与流过导线的电流成正比。20 世纪 80 年代以来,汽车上应用的霍尔式传感器数量与日俱增,主要原因是霍尔式传感器有两个突出优点:一是输出电压信号近似为方波信号;二是输出电压的高低与被测物体的转速无关。

②结构组成。霍尔式节气门位置传感器由霍尔 IC 元件和可绕其转动的磁铁构成,如图 3-21 所示。霍尔 IC 元件固定不动,磁铁随节气门轴转动而转动。

③工作原理。磁铁与节气门同轴,当节气门打开时,节气门轴转动,磁铁随之转动,磁铁与霍尔 IC 元件之间相对位置的变化引起通过霍尔 IC 元件的磁通量变化,因此霍尔 IC 元件会产生相应的霍尔电压。霍尔式节气门位置传感器有四根导线,ECU 通过 VC 端子给霍尔式节气门位置传感器提供 5 V 电源,霍尔式节气门位置传感器经过 E 端子通过 ECU 搭铁。霍尔式节气门位置传感器有两路输出信号 VTA1 和 VTA2,VTA1 用于检测节气门开度,VTA2 用于检测 VTA1 的故障。霍尔式节气门位置传感器信号电压

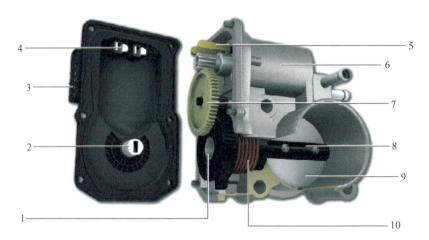

扫码观看—节气门
位置传感器结构

图 3-21 霍尔式节气门位置传感器

1—磁铁；2—霍尔 IC 元件；3—连接器；4—插座；5—插头；6—节气门驱动
电动机；7—减速齿轮；8—节气门轴；9—节气门；10—回位弹簧

与节气门开度成比例，在 0~5 V 变化，此信号作为节气门开度信号被送至发动机 ECU。

3）节气门位置传感器信号特性

节气门位置信号的大小可以随着节气门开度的增加而增大，也可以随着节气门开度的增加而减小。对于双信号输出型节气门位置传感器，两路信号可以随着节气门开度的变化同向增大或同向减小，也可以采用一路信号增加、另一路信号减小的差动方式输出，其信号波形如图 3-22 所示。

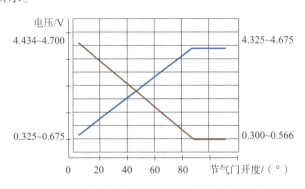

图 3-22 双信号输出型节气门位置传感器信号波形

2. 加速踏板位置传感器

加速踏板位置传感器的作用是检测踩下加速踏板力量的大小和变化速率并将电压信号传送到 ECU。

电子节气门系统采用两个加速踏板位置传感器，被称为冗余设计，其结构如图 3-23 所示。G79 和 G185 分别是大众迈腾发动机两个加速踏板位置传感器，冗余设计可使两个传感器相互检测，当一个传感器发生故障时，能被及时识别，这在很大程度上增加了系统的可靠性，保证了行车的安全性。

加速踏板位置传感器有六根线，完全与发动机 ECU 相连，其中有两根电源线、两根搭铁线和两根信号线，其电路如图 3-24 所示。

图 3-23 加速踏板位置传感器结构

1—踏板；2—复位弹簧 A/B；3—传感器；4—连接轴销/复位弹簧 C；5—接地底座；6—插接件

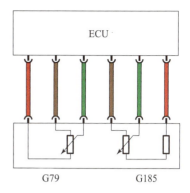

图 3-24 加速踏板位置传感器电路

ECU 向传感器提供基准电压，随着加速踏板位置的改变，两个传感器的电压信号也同步改变，一个传感器的信号电压增大，另一个传感器的信号电压则同步减小。

3. 控制单元

控制单元是整个系统的核心，包括信息处理模块和电动机驱动电路模块。

信息处理模块接收来自加速踏板位置传感器的电压信号，经过处理后得到节气门的最佳开度，并把相应的电压信号发送到电动机驱动电路模块。电动机驱动电路模块接收来自信息处理模块的信号，控制电动机转动相应的角度，使节气门达到或保持相应的开度。

此外，控制单元还对系统的功能进行监控，如果发现故障，将点亮系统故障指示灯，提醒驾驶员系统发生故障。

4. 节气门驱动电动机

节气门驱动电动机一般为直流电动机，通过两级齿轮减速来控制节气门开度。控制单元通过调节脉宽调制信号的占空比来控制直流电动机转角的大小，电动机方向则由和节气门相连的复位弹簧控制。电动机输出转矩和脉宽调制信号的占空比成正比，当占空比一定时，电动机输出转矩与回位弹簧阻力矩保持平衡，节气门开度不变；当占空比增大时，电动机驱动力矩克服回位弹簧阻力矩，节气门开度增大；当占空比减小时，电动机输出转矩和节气门开度也随之减小。

若节气门驱动电动机发生故障，则节气门不再受电动机控制，节气门在回位弹簧的作用下返回到一个开度小的位置，使车辆慢速开到维修地点。

5. EPC 灯

EPC 是 Electronic Power Control 的缩写，意思是发动机功率电子调节，通常称为电子节气门，在仪表台上有对应的 EPC 灯，该灯用于监控发动机的电子功率控制系统。在接通点火开关后，该灯亮 3 s，如果故障存储器内没有故障记录或者在这段时间内没有识别出故障，该灯就又熄灭了。当系统出现故障时，发动机 ECU 会接通该灯，并且故障存储器内也会记录下故障。

二、电子节气门系统工作原理

扫码观看—电子油门系统原理

驾驶员操纵加速踏板，加速踏板位置传感器产生相应的电压信号传送到控制单元。控制单元根据电压信号分析判断出驾驶员意图，并计算出对发动机扭矩的基本需求，得到相应的节气门转角的基本期望值。然后通过其他工况信息以及各种传感器信号，如发动机转速、挡位、节气门位置、空调负载等了解其他功率需求，由此计算出整车所需的全部扭矩。通过对节气门转角期望值进行补偿得到节气门的最佳开度，并把相应的电压信号发送到电动机驱动电路模块，驱动控制电动机使节气门达到最佳开度。节气门位置传感器则把节气门的开度信号反馈给控制单元，形成闭环位置控制。

电子节气门系统的特点是能通过调整节气门的位置来改变发动机的输出扭矩，即使驾驶员没有踏动加速踏板也可调节发动机扭矩，这样可使发动机管理系统之间和内部更好地协调工作。

知识拓展

怠速控制系统是当代发动机电控系统中的一个重要组成部分，怠速工况的控制性能反映汽车的技术性、稳定性、动力性、经济性、污染性等技术指标。

一、怠速控制系统功用

怠速工况是发动机在对外不做功的情况下，以最低稳定转速运行的状态。此时发动机与传动系统完全脱离，其目的就是维持发动机在较低的转速下连续、平稳运转，以及为其他辅助装置提供工作动力，如空调和动力转向装置等突然开启或关闭时，怠速控制系统使发动机转速在某一速度范围内稳定运行。若怠速过高，则会造成燃油消耗增加；若怠速过低，则会增加排放污染。汽车在使用过程中，发动机怠速运转时间约占30%，怠速工况是发动机工作的重要工况之一，所以对怠速工况进行控制很有必要。

1. 稳定怠速控制

在保证发动机排放符合要求且稳定运转的前提下，尽量使怠速转速最低，以减少燃油消耗。

2. 快速暖机控制

冷机起动后，控制发动机在较高的怠速下稳定运转，以加快暖机过程。

3. 高怠速控制

在怠速工况下，当发动机负荷增加（使用空调制冷）时，为使负荷正常工作，且发动机又不熄火，应控制其在设定的高怠速下稳定运转。

项目三 进气控制系统原理与检修

4. 其他控制

当发动机熄火时,怠速空气道开到最大;当发动机零部件磨损时,控制修正怠速转速至正常值。若怠速过高,则燃油消耗增加;若怠速过低,则污染排放增加。

二、怠速控制系统的组成

怠速控制就是怠速转速的控制。配置怠速控制系统后,发动机的怠速转速在汽车使用期内不会因发动机老化、气缸积炭和火花塞间隙变化而发生变化。

汽车发动机进气方式有怠速旁通供给空气式进气系统和怠速直接供给空气式进气系统。设有旁通空气道的怠速控制系统的组成如图3-25所示,它由各种传感器、信号控制开关、怠速控制阀、电子控制单元ECU和节气门旁通空气道等组成。迈腾、速腾、高尔夫、捷达和红旗等轿车采用节气门直接控制的方式,不需要设置旁通空气道。

扫码观看—怠速控制系统组成

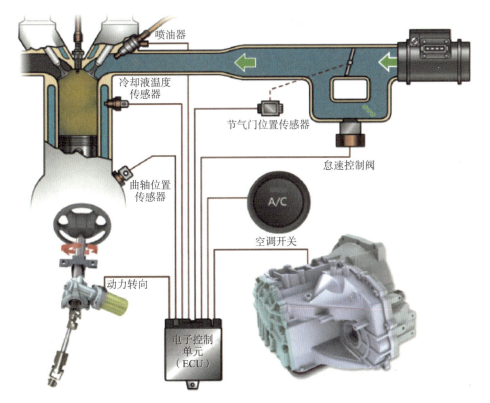

图3-25 设有旁通空气道的怠速控制系统的组成

车速传感器提供车速信号,节气门位置传感器提供怠速触点开闭信号,这两个信号用来判定发动机是否处于怠速状态。当发动机处于怠速状态时,节气门关闭,节气门位置传感器的怠速触点IDL闭合,传感器输出端子IDL输出低电平信号。因此,当输出端子IDL输出低电平信号时,如果车速为零,则说明发动机处于怠速状态;如果车速不为零,则说明发动机处于减速状态。

冷却液温度信号用于修正怠速转速。在 ECU 内部，存储有不同温度对应的最佳怠速转速，如图 3-26 所示。在冷车起动后的暖机过程中，ECU 根据冷却液温度信号，通过控制怠速控制阀的开度来控制相应的怠速转速，怠速转速随发动机温度升高而逐渐降低。当冷却液温度达到正常工作温度时，怠速转速恢复正常。

动力转向开关、空调开关、空挡起动开关信号和电源电压信号等为 ECU 提供发动机负荷变化的状态信息。在 ECU 内部存储有不同负荷状况下对应的最佳怠速转速。

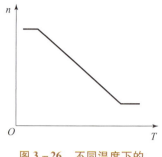

图 3-26 不同温度下的怠速转速

各型汽车采用的怠速控制阀不尽相同，如切诺基吉普车采用步进电动机式怠速控制阀来控制怠速转速，桑塔纳 2000Gsi、3000 型和 GXT 型轿车采用节气门控制组件来自动调整怠速转速。

三、怠速控制系统工作原理

1. 怠速转速控制过程

怠速控制的实质是控制发动机怠速时的进气量，怠速时的喷油量则由 ECU 根据预先试验设定的怠速空燃比和实际进气量计算确定。

怠速控制的内容主要是发动机负荷变化控制和电器负荷变化控制。怠速控制系统控制怠速转速的方法如下：当发动机怠速负荷增大时，ECU 控制怠速控制阀使进气量增大，从而使怠速转速提高，防止发动机运转不稳或熄火；当发动机怠速负荷减小时，ECU 控制怠速控制阀使进气量减少，从而使怠速转速降低，防止怠速转速过高。

在发动机怠速状态下，当空调开关、动力转向开关等接通或空挡起动开关断开时，发动机负荷就会增大，怠速转速就会降低。如果怠速转速降低过多，发动机就可能熄火，这会给车辆的使用带来不便。因此，在接通空调开关或动力转向开关之前，需要先将怠速转速提高，防止发动机熄火。当空调开关或动力转向开关断开时，发动机负荷又会减小，怠速转速就会升高，不仅会增加油耗，而且会给汽车驾驶带来一定的困难（起步前冲，容易导致汽车追尾）。因此，在断开空调开关或动力转向开关之后，需要将怠速转速降低，防止怠速转速过高。另外，当电器负荷增大（如夜间行车接通前照灯、按喇叭等操作）时，电器系统的供电电压就会降低，如果电源电压过低，就会影响电控系统正常工作和用电设备正常用电。因此，在电源电压降低时，需要提高怠速转速，以便于提高电源电压。

怠速转速控制过程如图 3-27 所示。ECU 首先根据怠速触点 IDL 信号和车速信号判断发动机是否处于怠速状态，当判定为怠速工况时，根据冷却液温度传感器、空调开关和动力转向开关等装置产生的信号，从存储器存储的怠速转速数据中查找相应的目标转速，然后将目标转速与曲轴位置传感器检测到的发动机实际转速进行比较。

当发动机负荷增大，需要发动机快怠速运转，目标转速高于实际转速时，ECU 将控制怠速控制阀，通过增大旁通进气量来实现快怠速运转；反之，当发动机负荷减小、目标转速低于实际转速时，ECU 将控制怠速控制阀，通过减小旁通进气量来调节怠速转速。

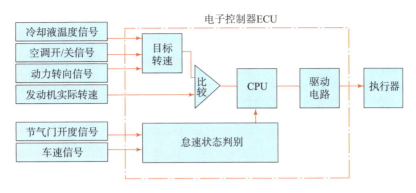

图 3-27 怠速转速控制过程

例如，当接通空调（发动机负荷增大）时，需要发动机快怠速运转（目标转速＝快怠速转速），ECU 就使怠速控制阀的阀门开大，增大旁通进气量。当旁通进气量增大时，因为怠速空燃比已通过试验确定为一定值（一般为 12∶1），所以 ECU 将控制喷油器增大喷油量，发动机转速随之增高到快怠速转速。国产汽车电控发动机的怠速转速通常为（750±50）r/min。当接通空调或动力转向泵时，发动机的快怠速转速为（1 000±50）r/min。快怠速时，转速升高 200 r/min 左右。同理，当断开空调（发动机负荷减小）时，需要降低发动机转速，即当目标转速低于实际转速时，ECU 将使怠速控制阀的阀门关小，通过减小旁通进气量来进行调节。

2. 怠速控制参数确定

1）初始位置确定

为了改善发动机的再起动性能，点火开关置于"OFF"位置后，ECU 控制怠速控制阀处于全开位置（步进电动机处于 125 步），为发动机的下次起动做好准备。

为了使怠速控制阀在发动机下次起动时处于完全打开状态，当点火开关断开后必须继续给 ECU 和步进电动机供电（一般为 2 s），通过 ECU 内部的主继电器控制电路对主继电器进行控制，主继电器由 ECU 的备用电源 m-rel 端继续供电 2 s，使主继电器保持接通状态，直至步进电动机进入起动初始位置后再断电。

2）起动控制特性

发动机起动时，由于怠速控制阀预先设定在全开位置，在起动期间流经怠速控制阀的旁通空气量最大，发动机容易起动；若起动后怠速控制阀仍保持在全开位置，则导致怠速转速过高。因此在发动机转速达到规定值时，ECU 开始控制步进电动机降低阀门开启高度，以减小旁通空气量。例如，起动时冷却液温度为 20 ℃，发动机转速达到 500 r/min，ECU 将控制步进电动机由全开 125 步时的 A 点降到 B 点，如图 3-28（a）所示，使阀门关小，防止转速过高。

3）暖机控制特性

在发动机起动后的暖机过程中，ECU 根据冷却液温度信号确定步进电动机步进的位置。随着转速的升高和发动机温度的升高，怠速控制阀将逐渐关小，步进电动机的步进步数逐渐减少，如图 3-28（b）所示。当冷却液温度达到 70 ℃ 时，暖机控制结束，步进电动机及其阀芯位置保持不变。

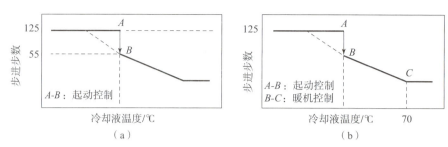

图 3-28 步进电动机式怠速控制阀的起动与暖机控制特性
（a）步进起动控制特性；（b）步进暖机控制特性

4）反馈控制

在怠速运转过程中，如果发动机的实际转速与设定的目标转速差达到一定值（如 20 r/min），ECU 将通过步进电动机控制怠速控制阀相应增减旁通空气量，使实际转速与目标转速保持一致。

5）发动机负荷变化的控制

当开启空调、实施动力转向、自动变速器工作或电器负荷增大时，发动机负荷立即发生变化，为了避免发动机抖动、熄火，在发动机转速出现变化之前，ECU 控制步进电动机预先移动一定的步数，使怠速控制阀开大或关小一个固定的开度。

6）学习控制

ECU 通过控制步进电动机的正反转步数来确定怠速控制阀的位置，从而达到调整怠速转速的目的。而发动机的使用性能和技术状况在运转过程中会发生变化，虽然步进电动机阀门位置未变，但怠速转速可能会发生变化。此时 ECU 通过反馈控制的方法使怠速转速与设定值保持一致。与此同时，ECU 还将步进电动机转过的步数存储在存储器中，在以后的怠速控制过程中出现相同情况时可直接调用。

3. 怠速控制方法

怠速控制的实质就是通过怠速执行器调节进气量，同时配合点火提前角及喷油量的控制，来改变怠速工况燃料消耗所发出的功率，以稳定或改变怠速转速。电控汽油喷射式发动机最小进气量的两种控制方式为节气门直动控制式和旁通空气道控制式，其控制原理如图 3-29 所示。

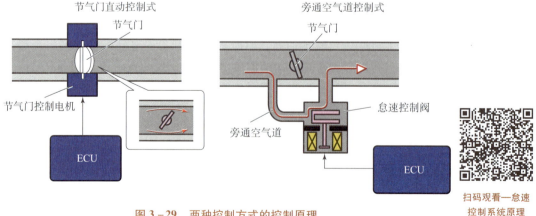

图 3-29 两种控制方式的控制原理

1) 节气门直动式怠速控制系统

节气门直动式怠速控制系统取消了旁通通道，通过控制节气门的开启角度调节空气通路的截面积来控制充气量，从而实现对怠速转速的控制。现在桑塔纳、帕萨特、宝来以及奥迪 A6 1.8L 都采用这种怠速控制系统。

大众系列轿车怠速控制系统大多采用节气门直动控制式，下面介绍节气门直动式怠速控制系统的工作过程。

节气门直动式怠速控制系统主要由节气门位置传感器、怠速开关和执行器（怠速直流电动机）、怠速节气门位置传感器以及一套齿轮驱动机构组成，其结构（已拆去节气门体上的塑料盖板）如图 3-30（a）所示，其内部线路如图 3-30（b）所示。节气门体内部有节气门位置传感器和怠速节气门位置传感器。另外在节气门体上有一个双齿轮，它是由同轴的一个大齿轮和一个小齿轮组成的。和怠速直流电动机同轴的

扫码观看一大众节气门体结构

小齿轮与双齿轮中的大齿轮啮合，扇形齿轮和节气门同轴并与双齿轮中的大齿轮啮合。当驾驶员踩加速踏板时，怠速开关断开，发动机控制模块根据节气门位置传感器的输入信号判断发动机的运行工况，并进行点火控制和喷油控制。当驾驶员不踩加速踏板时，节气门在回位弹簧的作用下关闭，怠速开关闭合，发动机控制模块收到怠速开关闭合的信号，得知发动机处于怠速运行状态，并根据曲轴位置传感器的信号和怠速节气门位置传感器的信号来控制怠速直流电动机动作，通过小齿轮、双齿轮和扇形齿轮将电动机的转动传递到节气门，使其打开相应的角度，从而使怠速转速达到最佳值。

2) 旁通空气道式怠速控制系统

按照执行器驱动方式的不同，旁通进气量调节方式的怠速执行器又分为旋转电磁阀型、步进电动机型、占空比控制电磁阀型和开关控制电磁阀型。丰田卡罗拉、皇冠、别克轿车和切诺基吉普车采用旁通空气道式怠速控制系统。

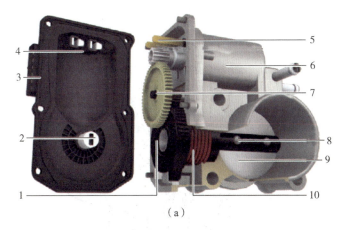

(a)

图 3-30 节气门直动式怠速控制系统
(a) 节气门体结构

1—磁铁；2—霍尔 IC 元件；3—连接器；4—插座；5—插头；6—节气门驱动电动机；
7—减速齿轮；8—节气门轴；9—节气门；10—回位弹簧

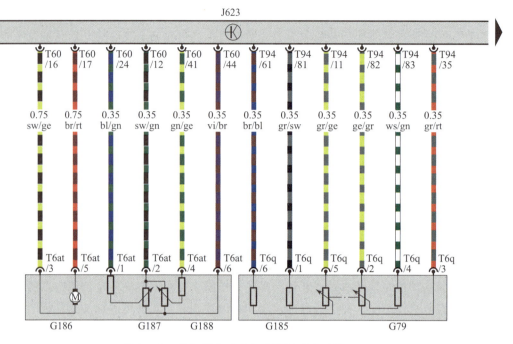

图 3-30 节气门直动式怠速控制系统（续）

(b) 节气门体内部线路

G79—加速踏板位置传感器1；G185—加速踏板位置传感器2；G186—电控节气门操纵机构的节气门驱动装置；G187—电控节气门操纵机构的节气门驱动装置角度传感器1；G188—电控节气门操纵机构的节气门驱动装置角度传感器2；J623—发动机控制单元；T6at—6芯插头连接；T6q—6芯插头连接；T60—60芯插头连接；T94—94芯插头连接

（1）步进电动机式怠速控制阀。

目前，大多数汽车采用步进电动机来控制发动机的怠速转速，如奥迪200、赛欧、奇瑞、通用、切诺基及凌志LS400等。步进电动机式怠速控制阀的结构如图3-31所示。步进电动机式怠速控制阀安装在发动机进气总管内，发动机控制模块根据各种传感器的信号

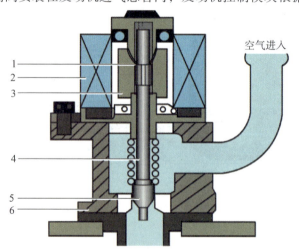

图 3-31 步进电动机式怠速控制阀的结构

1—进给丝杆；2—电磁线圈；3—转子；4—阀轴；5—阀芯；6—阀座

在怠速控制阀接头各端子上加电压。怠速控制阀端子分布如图 3-32 所示，它利用系统传送的步进信号进行转换控制，使转子可以正转，也可以反转，从而使阀芯（丝杆）进行伸缩运动，以达到调节旁通空气道截面积的目的，进而稳定怠速，并达到理想的怠速转速。

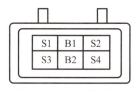

图 3-32 怠速控制阀端子分布

步进电动机式怠速控制阀的怠速控制线路如图 3-33 所示。当发动机怠速负荷发生变化时，在怠速转速变化之前，ECU 将按照一定顺序控制驱动电路中的三极管 VT_1、VT_2、VT_3、VT_4 适时导通，分别接通步进电动机定子绕组电流，使电动机转子旋转，带动控制阀的阀芯移动，从而调节进气量，使发动机怠速转速达到目标转速。

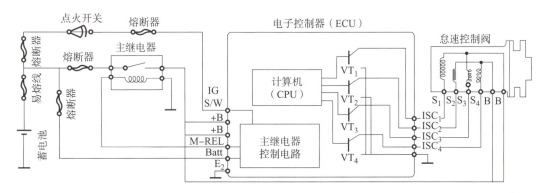

图 3-33 步进电动机式怠速控制阀的怠速控制线路

步进电动机式怠速控制系统如图 3-34 所示。发动机控制模块对发动机怠速进行控制时，首先，发动机控制模块根据车速信号和节气门位置传感器的信号判断发动机是否处于怠速运行状态；其次，根据发动机冷却液温度传感器、动力转向开关、空调开关以及空挡起动开关等信号，按照存储器内存储的参考数据，确定相应的目标转速。一般情况下，怠速控制将发动机转速信号作为反馈信号，以实现怠速转速的闭环控制，即将发动机的实际转速与目标转速进行比较，根据比较得出的差值确定相应目标转速控制量，以驱动步进电动机，使实际转速趋近于目标转速。

扫码观看—步进电机怠速控制阀结构和工作原理

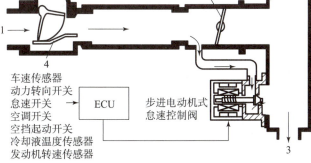

图 3-34 步进电动机式怠速控制系统

1—空气进入；2—节气门；3—至气缸；4—空气流量传感器

步进电动机的控制:发动机控制模块依一定顺序使三极管 VT_1—VT_2—VT_3—VT_4 适时导通,分别给步进电动机定子线圈供电,驱动步进电动机转子旋转,使前端的阀门移动,改变阀门与阀座之间的距离,调节旁通空气道的空气流量,使发动机怠速转速达到所要求的目标转速。

(2)旋转滑阀型怠速控制阀。

旋转滑阀型怠速控制阀结构如图 3-35 所示。图 3-36 所示为广州本田奥德赛的旋转滑阀型怠速控制阀,此外夏利 2000、桑塔纳 2000、富康 1.6A 以及丰田佳美等轿车都用这种怠速控制阀。

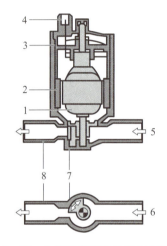

图 3-35 旋转滑阀型怠速控制阀结构

1—电枢;2—永久磁铁;3—外壳;4—电接头;5,6—空气;7—旋转滑阀;8—空气旁通道

扫码观看—单线圈旋转滑阀型怠速控制阀工作原理

图 3-36 广州本田奥德赛的旋转滑阀型怠速控制阀

1—空气进口;2—空气出口;3—密封圈;4—冷却液管

扫码观看—双线圈滑阀型怠速控制阀结构

旋转滑阀型怠速控制系统主要由永久磁铁、旋转滑阀、旁通空气道和复位弹簧等组成,其中旋转滑阀装在电枢轴上,与电枢轴一起转动,用于控制通过旁通空气道的进气量;永久磁铁固装在外壳上,形成永磁磁场;复位弹簧的作用是在发动机熄火后使怠速阀旁通空气道完全打开;电枢铁芯上绕有两组绕向相反的电磁线圈 L_1 和 L_2(见图 3-37),当线圈通电时,会产生磁场,从而使电枢轴带动旋转滑阀转动,控制通过旁通空气道的进气量。电磁线圈 L_1 和 L_2 由发动机控制模块通过三极管 VT_1 和 VT_2 控制,VT_1 和 VT_2 由同一信号进行反向控制,即 VT_2 导通时,VT_1 截止;VT_2 截止时,VT_1 导通。

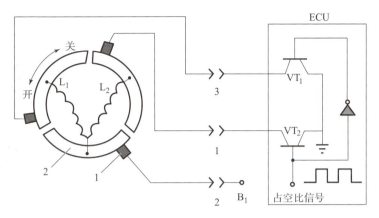

图 3-37 旋转滑阀型怠速控制阀的电路连接
1—电刷；2—滑片

由 L_1 和 L_2 两组线圈的导通时间的比例关系来决定电枢轴所受的转矩和偏转角度。电枢轴受到的转矩有三个：T_1 是线圈 L_1 产生的转矩，逆时针方向，大小与电流有关；T_2 是线圈 L_2 产生的转矩，顺时针方向，大小与电流有关；T_3 是复位弹簧产生的转矩，逆时针方向，大小与转角有关。

工作时，发动机控制模块根据节气门位置传感器输入的信号冷却液温度传感器的信号，确定发动机所处怠速工况的混合气浓度，并输出占空比信号，以控制 L_1 或 L_2 的通电时间。占空比是指发动机控制模块控制信号在一个周期内通电时间与通电周期之比，如图 3-38 所示。

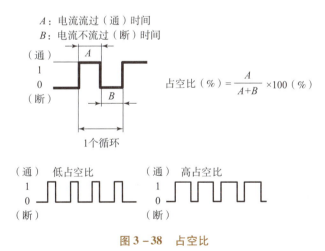

图 3-38 占空比

若不计复位弹簧的转矩，则占空比有以下三种情况：

①当占空比为 50% 时，线圈 L_1 和 L_2 的平均通电时间相等，即 $T_1 = T_2$，电枢轴停止转动；

②当占空比大于 50% 时，线圈 L_2 的平均通电时间长，即 $T_2 > T_1$，电枢轴带动旋转滑阀顺时针偏转，旁通空气道截面积减小，怠速转速降低；

③当占空比小于 50% 时，线圈 L_1 的平均通电时间长，即 $T_1 > T_2$，电枢轴带动旋转滑阀逆时针偏转，旁通空气道截面积减小，怠速转速降低。

旋转滑阀根据控制脉冲信号的占空比进行偏转，占空比的范围为 18%（旋转滑阀关闭）~82%（旋转滑阀打开）。滑阀的偏转角度限定在 90°内。

（3）占空比控制电磁阀型怠速控制阀。

占空比控制电磁阀型怠速控制阀结构如图 3-39 所示，它由电磁线圈、铁芯、衔铁、弹簧和控制阀等组成。占空比控制电磁阀型怠速控制阀与旋转滑阀型怠速控制阀的工作原理相同，均为 ECU 根据传感器提供的信号输出控制占空比信号，进而使电磁线圈通电产生吸力，提起阀门轴向移动。电磁阀的开度取决于线圈产生的电磁力大小，ECU 通过控制输入线圈脉冲信号的占空比来控制电场强度，以调节控制阀的开度，从而实现怠速进气量的控制。

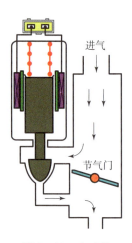

图 3-39 占空比控制电磁阀型怠速控制阀结构

（4）开关控制电磁阀型怠速控制阀。

开关控制电磁阀型怠速控制阀主要由线圈和控制阀组成，其工作原理与占空比控制电磁阀型怠速控制阀类似，不同的是开关控制电磁阀型怠速控制阀工作时，ECU 只对阀内线圈通电或断电两种状态进行控制。若线圈通电，则控制阀开启；若线圈断电，则控制阀关闭。

操作指引

1. 课前准备

（1）场地设施：举升机一台，装有废气抽排系统和消防设施的场地；

（2）设备设施：迈腾 1.8T 轿车一辆；

（3）工量具：常用工具（一套）、车辆故障诊断仪、示波器、万用表等；

（4）耗材：保险丝、线束、节气门位置传感器等；

（5）学生组织：教师指导、分组实训、过程评价。

2. 注意事项

（1）在实训场地应穿着干净整洁的工服；

（2）听从实训指导教师的安排，严格遵守场地安全规定，注意用电安全；

（3）在操作过程中，注意拆装工具及万用表、车辆故障诊断仪等设备的使用，拆下的零部件要轻拿轻放，避免磕碰和损坏；

（4）在检测加速踏板位置传感器、节气门位置传感器等部件的线路时，严禁用力拉扯线束；

（5）检测电气元件时，应提前关闭点火开关。

1. 故障原因分析

一辆 2009 款迈腾 1.8TSI，发动机型号为 CEA，行驶里程 6.8 万 km。客户李先生反映该车行驶时 EPC 灯亮，加速无力且换挡冲击大，偶尔出现发动机跛行控制。

发动机 EPC 灯点亮且发动机动力不足的主要原因可能是节气门位置传感器及线路故障、加速踏板位置传感器及线路故障以及发动机电控单元局部故障等。

2. 故障诊断与排除过程

1）读取故障码

首先使用车辆故障诊断仪进行检测，进入自诊断网关列表，出现三个系统故障，分别是发动机控制系统故障、变速箱控制系统故障、电子驻车系统故障。其次分别进入上述三个系统，均显示故障码"00545，节气门/加速踏板位置传感器/开关—B—电路故障"，删除故障码，重新对节气门进行基本设定，试车，故障暂时排除，稍后进行二次试车，故障重现，故障现象如初。

2）检测加速踏板位置传感器

（1）读取加速踏板位置传感器数据流。

将车辆故障诊断仪连接到诊断座 DLC3，打开点火开关和车辆故障诊断仪，测量数据流，踩下加速踏板（迈腾 1.8T），G79 变化范围应为 12%～97%，G185 变化范围应为 4%～49%。

（2）检测加速踏板位置传感器线路。

①检测电源电压：断开加速踏板位置传感器连接器，将点火开关置于"ON"位置；将万用表旋转开关置于直流电压挡，检测电源线的电压，电压应为 5 V。

②检测加速踏板位置传感器输出信号：连接加速踏板位置传感器连接器，将点火开关置于"ON"位置，踩下加速踏板，检测信号线端子电压，电压应在 0～5 V 内。

③检测加速踏板位置传感器线路电阻：关闭点火开关，断开加速踏板位置传感器连接器，检测加速踏板位置传感器与发动机 ECU 对应端子的电阻，阻值应小于 0.5 Ω。

检测加速踏板位置传感器线路与车身的电阻，阻值应为∞。

3）检测节气门位置传感器及驱动电动机

迈腾 1.8T CEA 发动机的节气门位置传感器 1（G187）、节气门位置传感器 2（G188）安装在节气门体上。迈腾 1.8T 发动机节气门位置传感器电路如图 3-40 所示。节气门控制单元插座共有 6 个端子，其中，端子 T6bs/3 和端子 T6bs/5 为节气门执行电动机的控制线，传感器端子 T6bs/1 为传感器 G187 的信号端子，端子 T6bs/2 为传感器 G187、G188 共用的 5 V 电源，端子 T6bs/4 为传感器 G188 的信号端子，端子 T6bs/6 为传感器 G187、G188 共用的搭铁。

扫码观看—节气门位置传感器检测

（1）读取节气门位置传感器数据流。

将车辆故障诊断仪连接到诊断座 DLC3，打开点火开关和车辆故障诊断仪，测量数据流，发动机转速在怠速时的数据流（迈腾 1.8T）如表 3-3 所示，电位计 1 显示 13%，电位计 2 显示 85%。当节气门开度增大时，电位计 1 显示数据随之增大，电位计 2 显示数据随之减小，二者呈反比例关系。

（2）检测节气门位置传感器线路。

①检测两个传感器的供电电压：关闭点火开关，拔下节气门位置传感器插头，将点火开关置于"ON"位置，将万用表旋转开关置于直流电压挡。根据电路图，检测节气门位

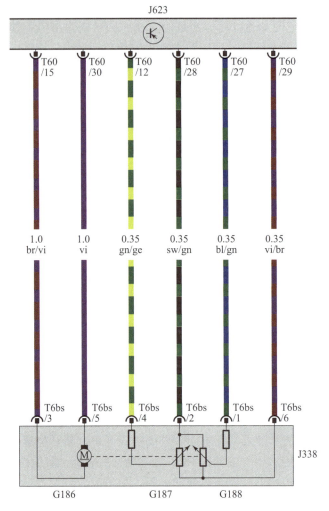

图3-40 迈腾1.8T发动机节气门位置传感器电路

表3-3 发动机转速在怠速时的数据流(迈腾1.8T)

地址列	ID	测量值	数值	单位	目标值
01	1.1	发动机转速	920	r/min	
01	1.2	冷却液温度	45.0	℃	
01	3.3	节气门角度(电位计)	4.7	%	
01	23.2	发动机负载	22.6	%	
01	54.3	节气门位置传感器1	0.0	%	
01	54.4	电位计的节气门角度	4.7	%	
01	60.1	电位计1的节气门角度	13	%	
01	60.2	电位计2的节气门角度	85	%	
01	60.3	节气门控制匹配状态(匹配状态计算器)	4		

续表

地址列	ID	测量值	数值	单位	目标值
01	60.4	节气门匹配状态	ADP OK		
01	61.2	供电	13.818	V	12
01	62.1	节气门驱动的角度传感器1	13	%	
01	62.2	节气门驱动的角度传感器2	85	%	
01	62.3	节气门位置传感器2	14	%	
01	63.1	节气门位置传感器3	14	%	

置传感器插头端子2（见图3-40）与搭铁之间的电压，电压应为5 V左右。

②检测两个传感器的共用搭铁端子：关闭点火开关，拔下节气门位置传感器插头，用万用表检测节气门位置传感器插头端子6与搭铁之间的电阻，阻值应小于1 Ω。

③检测节气门位置传感器输出信号：关闭点火开关，将无损探针分别插入节气门位置传感器端子1与端子4上，起动发动机，用万用表分别检测节气门位置传感器G187与G188信号电压。怠速时，G187信号电压约为4.17 V，G188信号电压约为0.84 V。

④检测节气门位置传感器线路：拔下节气门位置传感器插头，检测节气门位置传感器插头与发动机ECU对应端子的电阻，阻值应小于0.5 Ω。

（3）检测节气门位置传感器波形。

用示波器观察节气门位置传感器两路信号波形，迈腾1.8T发动机节气门位置传感器信号波形如图3-41所示。通道1输出G187信号，通道2输出G188信号，两路输出信号电压互补，并呈反比例关系。

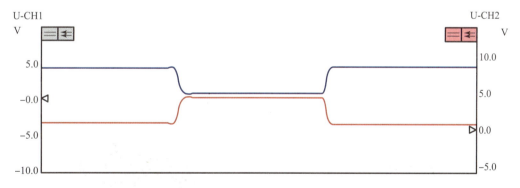

图3-41 迈腾1.8T发动机节气门位置传感器信号波形

（4）更换节气门控制组件。

如果节气门位置传感器故障，则须按维修手册要求更换节气门控制组件。

3. 故障小结

EPC是电子功率控制系统，通过精确计算来调整节气门开度，控制发动机扭矩输出。EPC报警可能原因是电控系统（如节气门体、加速踏板、冷却液温度传感器、制动灯信号开关、爆燃传感器、氧传感器、空气流量计、发动机ECU等部件）故障。进行故障检测和诊断时,不要盲目更换零部件,要学会使用车辆故障诊断仪,并通过故障原因分析和检测最终确定故障点,并按照维修手册要求修复故障。

任务小结

(1) 电子节气门系统通过加速踏板位置传感器将信号传送到发动机 ECU,ECU 再发出指令控制节气门。

(2) 加速踏板位置传感器的作用是检测加速踏板的位置和踩踏板的速率。

(3) 节气门位置传感器的作用是检测节气门的开度,驱动电机的作用是开启和关闭节气门。

(4) 电子节气门系统故障会点亮仪表上的 EPC 灯。

(5) 加速踏板位置传感器和节气门位置传感器检测项目包括元件和线路检测。

任务3　废气涡轮增压系统检修

任务描述

一辆 2011 速腾 TSI 轿车,客户李先生反映该车加油时加不上,升挡困难,耸车,急加油排放报警灯报警。废气涡轮增压系统故障如图 3-42 所示。

引起上述故障的主要原因可能有涡轮增压器压力单元故障、增压压力控制电磁阀 N75 故障、涡轮增压器压力单元真空管堵塞、旁通阀连接件故障、发动机 ECU 故障等。需要对发动机相关部件进行检查,确定故障后,进行维修或更换部件并将发动机装复。

图 3-42　废气涡轮增压系统故障

1. 知识目标

（1）掌握发动机涡轮增压系统的组成、结构与原理；
（2）能理解并分析发动机涡轮增压系统故障的原因。

2. 能力目标

（1）能通过检测设备获取发动机信息，检测并诊断涡轮增压系统故障；
（2）能参照维修手册进行发动机涡轮增压系统部件的维修与更换。

3. 素质目标

（1）能利用网络和维修手册查询废气涡轮增压系统相关知识；
（2）能够按照企业 7S 要求和安全生产规范进行废气涡轮增压系统的检修操作；
（3）能与同学协调分工、密切合作完成废气涡轮增压系统的学习活动；
（4）能自主学习废气涡轮增压系统相关新知识。

建议学时：4 学时

现代汽车在不增加发动机排量的基础上提高发动机功率，废气涡轮增压系统发挥了重要的作用。

一、废气涡轮增压系统的功用与优点

1. 废气涡轮增压系统的功用

所谓增压，是指将进入气缸前的新鲜空气预先进行压缩，然后以高密度的状态送入气缸。增压器的结构形式有多种，但目前在轿车上应用最普遍、最有效的是废气涡轮增压系统，它根据发动机的负荷来控制排气的流动路线，并通过涡轮增压器提高进气压力，增加进气量，从而大大改善发动机的动力性。常见的奥迪 A61.8T、帕萨特 B51.8T、宝来，以及日本的三菱、马自达和日产等轿车的汽油发动机都曾先后采用废气涡轮增压系统。

2. 废气涡轮增压系统的优点

（1）相对气动增压，电动机增压的运行性能更加稳定。气动增压很容易因为汽车或发动机运行方式骤然改变而影响其工作效率，电动机增压不存在以上问题。
（2）相对气动增压和机械增压，电动机增压的原理及构造更加简单，改装方便。因为电动机增压的安装方式（接车载电源，安装完毕即可使用）简单，所以经常被采用。

（3）经济性价比高。电动机增压的安装相对气动增压和机械增压的安装价格更低，不需要太过复杂的安装工艺，厂家和买家从安装这一方面可以节省很大的成本。

二、废气涡轮增压系统的组成

废气涡轮增压系统的主要组成部件有涡轮增压器、增压压力电磁阀、膜片式控制阀和冷却器。废气涡轮增压是利用发动机排出的具有一定能量（高压、高温）的废气驱动涡轮增压器中的动力涡轮，带动与动力涡轮同轴的增压涡轮（工作叶轮）一起转动的一个过程。增压涡轮一般位于空气流量传感器与进气门之间的进气管道中，当增压涡轮转动时，对从空气滤清器进入的新鲜空气进行压缩，然后送入气缸。

1. 涡轮增压器

涡轮增压器内有动力涡轮和增压涡轮，它们安装在同一根轴上，当废气从排气歧管流至动力涡轮叶轮处时，其压力就使动力涡轮叶轮转动，同时增压涡轮也转动，迫使空气进入气缸。奥迪 A61.8T 的涡轮增压器如图 3-43 所示。

扫码观看—废气涡轮增压器结构

图 3-43 奥迪 A6 1.8T 的涡轮增压器

1—压气机涡轮；2—油道；3—排气涡轮；4—进气蜗壳；5—底盘；6—排气蜗壳

2. 增压压力控制电磁阀和膜片式控制阀

发动机 ECU 通过控制增压压力控制电磁阀，进一步控制膜片式控制阀，使旁通阀门动作，从而改变实际涡轮增压压力。阀门打开，增压压力下降；阀门关闭，增压压力上升。

3. 冷却器

废气涡轮增压系统一般都带有冷却器（也称为中冷器），它可降低进气温度，对消除发动机爆燃、提高进气效率等十分有利。

三、涡轮增压系统的工作原理

发动机排出的废气推动涡轮排气端的动力涡轮，并使之旋转，由此便能使与之相连的另一侧的增压涡轮同时转动，于是增压涡轮就能把空气从进风口强制吸进，并经叶片的旋转压缩后，进入管径越来越小的压缩通道进行二次压缩，这些经压缩的空气的温度会比直接吸入的空气的温度高，需要通过冷却器进行降温之后再被注入气缸内燃烧。如此重复即涡轮增压器的工作原理。

采用涡轮增压技术后，由于平均有效压力增加，发动机爆燃倾向增大，因此热负荷偏高。为了保证发动机在不同转速及工况下都得到最佳增压值，并防止发动机爆燃和限制热负荷，必须对涡轮增压系统的增压压力进行控制。废气涡轮增压结构如图3-44所示。

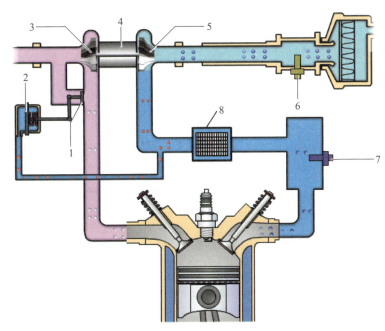

扫码观看—废气
涡轮增压系统原理

图3-44　废气涡轮增压结构

1—旁通阀；2—膜片驱动器；3—涡轮；4—涡轮增压器；5—压缩轮；
6—空气流量传感器；7—增压传感器；8—冷却器

目前涡轮增压压力控制大多采用旁通方法，即通过调节进入动力涡轮室的废气量来对增压压力进行控制。当需要增加进气压力时，排气歧管排出的废气进入涡轮增压器，经动力涡轮排出。随着节气门开度的增加和发动机转速的升高，动力涡轮的转速加快，与其同轴的增压涡轮的转速也加快，使进气增压压力增大。如果此时旁通阀打开，则通过动力涡轮的废气量会减小，气压会降低，动力涡轮和增压涡轮转速会降低，进气增压压力也会减小。由此可见，通过控制旁通阀就可改变通过动力涡轮的废气量，从而实现对增压压力的控制。通常，旁通阀由膜片式控制阀控制，而膜片式控制阀则由发动机ECU通过增压压力控制电磁阀进行控制。

带有废气涡轮增压的发动机电控系统如图3-45所示。发动机ECU的存储器存储着与发动机增压压力特性图有关的数据，理论增压压力值随发动机转速变化而变化。当发动机工作时，发动机ECU根据增压压力等传感器传送的信息确定当时的实际进气增压压力，然后将实际进气压力值与理论压力值进行比较。若实际增压压力值与理论压力值不相符，发动机ECU就输出控制信号，通过对增压压力电磁阀进行控制，改变膜片式控制阀上的压力，使旁通阀动作，从而改变实际增压压力。当实际进气压力值低于理论压力值时，旁

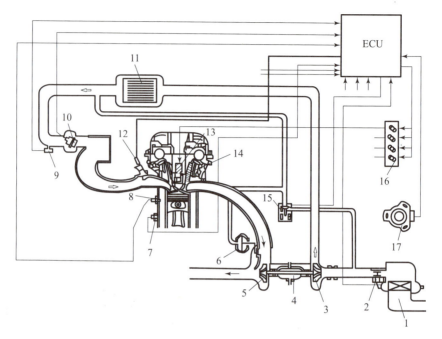

图 3-45 带有废气涡轮增压的发动机电控系统

1—空气滤清器；2—空气流量传感器；3—增压涡轮；4—涡轮增压器；5—动力涡轮；6—膜片式控制阀；7—爆燃传感器；8—冷却液温度传感器；9—增压压力传感器；10—节气门位置传感器；11—冷却器；12—喷油器；13—点火线圈；14—火花塞；15—增压压力控制电磁阀；16—点火控制模块；17—曲轴位置传感器

通阀关闭；当实际进气压力值高于理论压力值时，旁通阀打开。

在实际中，一般采用调节点火正时和调节增压压力相结合的方法来获得更好的控制效果。因为单一采用降低增压压力的方法会导致发动机运行性能降低；而采用涡轮增压后，发动机排气温度较高，所以也不宜只通过调节点火正时的方法来控制爆燃，否则由于温度升高，就会对高温排气驱动的涡轮有不利影响。因此，两种方法并用是最好的选择。在实际应用中，通常当发动机 ECU 根据传感器传送的信号判断出发动机爆燃时，即刻使点火提前角推迟，同时平行地降低增压压力。在这两方面调节生效（爆燃消失）时，仍将增压压力慢慢降低，通过点火正时调节装置将点火提前角调节至最佳值，以便于保持发动机获得最大扭矩。当点火提前角达到最佳值时，慢慢地增加充气增压压力。

操作指引

1. 课前准备

（1）场地设施：举升机一台，装有废气抽排系统和消防设施的场地；

（2）设备设施：整车（带废气涡轮增压器）一辆；

（3）工量具：常用工具（一套）、车辆故障诊断仪、万用表等；

（4）耗材：保险丝、线束等；

（5）学生组织：教师指导、分组实训、过程评价。

2. 注意事项

（1）穿着干净整洁的工作服进入场地；

（2）听从实训指导教师的安排，严格遵守场地安全规定，注意用电安全；

（3）在燃油蒸发控制系统元件附近不要抽烟，也不要让其他火源接近；

（4）如果在汽车内或汽车附近有汽油味，应立即检查燃油蒸发控制系统是否有漏油处；

（5）在操作过程中，注意拆装工具的使用，拆下的零部件（如传感器）要轻拿轻放，以免氧传感器掉到地上摔坏内部电路；

（6）在操作过程中，正确使用万用表、车辆故障诊断仪。在诊断废气再循环系统之前，发动机必须处于正常工作温度；

（7）如果发动机已持续运转一段时间，废气再循环系统会很热，在诊断或维修时要戴上防护手套。

任务实施

1. 故障原因分析

导致废气涡轮增压系统故障的可能原因如下：（1）涡轮增压器压力单元故障；（2）增压压力控制电磁阀 N75 故障；（3）涡轮增压器压力单元真空管堵塞；（4）旁通阀连接件故障；（5）发动机 ECU 故障。

2. 故障诊断与排除过程

1）检查涡轮增压器

（1）如果必须从车上拆下涡轮增压器，则在检修时务必保持清洁，任何脏物或污染都会导致严重后果。在拆卸涡轮机前，应将壳体和零部件的相对位置加上标志，以保证重新装配时正确无误。拆开涡轮，仔细观察增压涡轮和动力涡轮，检查是否存在弯曲、破裂或过度磨损现象。

扫码观看—拆卸和安装废气涡轮增压器

（2）检查涡轮壳体内部是否存在由轴的摆动范围过量、进入脏污或润滑不当造成的磨损或冲击损伤。用手旋转涡轮，手感阻力应是均匀的，不应过大，转动应无黏滞感，即应无擦伤或任何接触。

（3）由于对轴承间隙有严格要求，故应按生产厂家规定的程序检查轴向和径向间隙。以大众汽车的涡轮增压器为例，可将百分表插入涡轮机壳的孔中，使其接触轴端，沿轴向移动涡轮机轴，测量轴的轴向间隙有较严格的要求（参数参照每款车型的维修手册），涡轮增压器轴向间隙的检查如图 3-46 所示。若轴向间隙或径向间隙不符合要求，则需要更换涡轮增压器。

图 3-46 涡轮增压器轴向间隙的检查

2)检测增压压力控制电磁阀(N75)

(1)检测增压压力控制电磁阀。

下面以一汽大众奥迪 200 1.8T 为例介绍增压压力控制电磁阀的检测。

①连接车辆故障诊断仪 VAG1551,选择读取测量数据块(功能 08)。

②从增压压力控制电磁阀上拆下软管,接上辅助软管,进行执行元件诊断,并触发增压压力控制电磁阀。

③检测增压压力控制电磁阀显示屏的显示内容如图 3-47 所示。

执行元件诊断	→
增压压力控制电磁阀 – N75	

图 3-47 检测增压压力控制电磁阀显示屏的显示内容

④如果电磁阀发出"咔嚓"声并打开和关闭,则通过向辅助软管吹气来检查。

⑤如果电磁阀无"咔嚓"声,则对增压压力控制电磁阀进行电气检测,参见"检测增压压力控制电磁阀的电气"内容。

⑥当没有电信号时,电磁阀常闭。

⑦如果电磁阀有"咔嚓"声但不正常地打开和关闭,则更换增压压力控制电磁阀。

(2)检测增压压力控制电磁阀的电气。

①拔下电磁阀的供电插头,用万用表测量其电阻,阻值应该是 25~35 Ω,如图 3-48 所示。

②如果没有达到规定值,则更换增压压力控制电磁阀。

③如果达到了规定值,则检查增压压力控制电磁阀的供电,参见"检测增压压力控制电磁阀的供电"内容。

(3)检测增压压力控制电磁阀的供电。

①使起动机短时工作(允许起动机短时起动),用万用表(电压测量挡)测量端子 1、2 处的电压,应该是蓄电池电压,电磁阀的供电插头如图 3-49 所示。

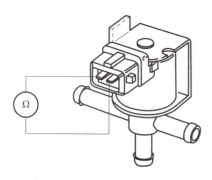

图 3-48 测量触点间的电阻

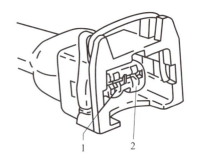

图 3-49 电磁阀的供电插头
1—1 号端子;2—2 号端子;

②如果没有达到规定值,则检测增压压力控制电磁阀的触发情况,参见"检测增压压力控制电磁阀的触发情况"内容。

(4) 检测增压压力控制电磁阀的触发情况。

①拔下电磁阀的供电插头并把二极管检测灯串联在线束侧端子 1 和 2 之间。

②进行执行元件诊断并触发增压压力控制电磁阀，二极管检测灯应闪亮。

③如果二极管检测灯不闪亮或常亮，则检测线束的插接。

④把检测盒 V.A.G1598/22 接到发动机电控装置的线束上，检测端子 2 与检测盒 V.A.G1598/22 触点 64 之间的导线是否断路或对正极、负极短路。

3. 涡轮增压器性能下降的故障原因与排除方法

涡轮增压器性能的变化或发动机供油系统及配气系统的故障会直接影响增压发动机的功率、油耗和排气温度等性能指标。常见故障现象如下：

1) 增压发动机功率下降

涡轮增压器本身及进气管路系统故障会使增压压力降低，从而导致增压发动机功率下降，其故障原因及排除方法如下：

(1) 旁通阀门关闭不严。

一般是由旁通阀处有积炭、过脏，以及增压压力控制电磁阀或膜片式控制阀损坏造成的。

(2) 空气进口阻力损失过大。

检查清洁空气滤清器及管道，减少阻力损失。

(3) 涡轮增压器叶轮、壳体和流道脏污。

拆下增压器进行清洁。

(4) 动力涡轮壳流道和叶轮严重积炭。

清除积炭的方法有：更换密封环、排除漏油故障；改变发动机的使用工况，如避免在低负荷状态下长时间运转、减少频繁冷起动等；检查发动机燃油供给系统和机油消耗情况，拆开涡轮增压器，清除动力涡轮端的积炭。

(5) 增压涡轮出口管路漏气。

产生这一故障的原因大多是软管接头松动脱开、管子焊接处损坏、锁紧机构松动失效等，根据需要采取相应的措施加以排除。

(6) 发动机排气管连接处漏气。

这种情况比较常见，主要是由发动机的排气歧管、排气管垫片或排气管与涡轮壳之间连接不紧、螺栓松动或垫片损坏，以及涡轮壳产生裂纹引起的漏气。一般要针对故障原因采取相应措施。但若涡轮壳产生的裂纹会引起漏气，则必须更换新的涡轮壳。

2) 增压发动机进气压力上升

通常涡轮增压器及发动机燃油供给系统、进气系统发生故障，会使增压发动机进气压力上升，但这种故障较前面所述的进气压力下降故障发生次数要少得多。由涡轮增压器直接造成增压压力上升的原因一般是增压压力控制电磁阀或膜片式控制阀损坏，使旁通阀门不能适时打开。

4. 涡轮增压器机械故障原因与排除方法

涡轮增压器常见的机械故障现象是异常振动和异常噪声。

1) 涡轮增压器的异常振动

涡轮增压器的异常振动大部分是由转子部件不平衡所引起的。虽然转子部件只有经过严格检测盒精确平衡后才允许在涡轮增压器上使用，但在安装和使用过程中多种因素会破坏转子的平衡精度，从而引起涡轮增压器异常振动。比较常见的情况有以下四种。

（1）涡轮增压器转子部件不平衡引起的振动。

转子部件上的各零件清洗不干净，零件内孔与轴的配合不好，或者组装时产生偏心等都会使转子轴弯曲，导致其平衡被破坏。因此，在转子部件组装前，必须认真检查并清洗转子部件上的所有零件。

（2）涡轮增压器工作时，异物进入涡轮的流道损坏了叶轮，使转子部件失去平衡引起的振动

在安装涡轮增压器时，必须先将涡轮增压器的各进出口用封口罩盖好，待管路调整好后，再将封口罩去掉，最后连接好各管路。

（3）增压器叶轮叶片的疲劳断裂引起的振动。

如果出现叶片断裂故障，则一律更换新的涡轮增压器。

（4）增压器叶轮叶片被严重沾污后，转子部件的平衡被破坏引起的振动。

如果发动机长时间使用低质燃油，其燃烧后的产物含有五氧化二钒和硫化钠等物质，在一定的温度下，这些物质会粘在涡轮叶片上，形成污垢。排除这种故障时，必须拆开涡轮增压器，取出涡轮叶轮，轻轻地除掉五氧化二钒，但要小心，不能碰坏叶片，并用水清除硫化钠和其他污垢。

2）涡轮增压器的异常噪声

增压发动机正常工作时，具有一定的噪声级，有经验的驾驶员很容易就可以分辨出来。如果噪声级发生变化或出现异常噪声，则说明有故障发生。

产生异常噪声的原因与排除方法如下：

（1）涡轮增压器的动力涡轮或增压涡轮的叶片损坏，导致平衡被破坏，引起噪声。其原因与排除方法如前所述。

（2）涡轮增压器转子部件和固定部件发生碰撞产生噪声。其主要原因是安装涡轮壳和压气机壳时，装配不正。可拆开涡轮增压器，检查内部是否有损伤、脏污，转子转动是否平顺，转动时是否有响声等，确认有问题后进行适当的修复或更换。

5. 涡轮增压器漏油的原因及排除方法

如果涡轮增压器轻微渗油，虽可继续工作，但应及时到维修站检查、维修，而严重的漏油故障必须立即加以排除。因为增压涡轮端严重漏油会使机油经增压涡轮进到进气管，最终进入发动机气缸内，造成发动机性能恶化、机油消耗量增大，并使发动机活塞顶部、喷油器、活塞环等严重积炭、胶结。

1）涡轮增压器外部漏油

外部漏油大多是由机油进油管和回油管连接不牢固造成的。检查漏油部位之前，先擦干净涡轮增压器外部的油泥，然后重新起动发动机，认真观察漏油部位。经常出现漏油的原因有进、回油管接头松动，油管接头外垫片损坏及油管接头出现裂纹或损坏等。

螺纹连接的锥形接头密封不好，可修理接头或更换新的油管；如果垫片损坏，则应更换新的垫片。

2）涡轮增压器内部漏油

涡轮增压器内部漏油是比较常见的故障，产生原因主要有以下几种。

项目 三　进气控制系统原理与检修

（1）涡轮增压器密封装置（密封环）损坏引起漏油。
（2）发动机曲轴箱内的压力过高，使涡轮增压器回油不畅引起漏油。
（3）涡轮增压器回油管横截面积小或弯曲过度，造成回油不畅引起漏油。
（4）发动机长时间空载运转，涡轮增压器容易漏油。
排除故障时，根据漏油部位进行维修。

3）故障排除小结

解决涡轮增压系统故障时，应该弄清楚增压原理，由浅入深找发生故障的原因。

任务小结

（1）废气涡轮增压系统根据发动机负荷来控制排气的流动路线，并通过涡轮增压器提高进气压力，增加进气量，从而大大改善发动机的动力性；其控制大多采用旁通方法，即调节进入动力涡轮室的废气量，从而对增压压力进行控制。
（2）废气涡轮增压系统的主要部件有涡轮增压器、增压压力电磁控制阀、膜片式控制阀和冷却器。
（3）涡轮增压系统检查。检查发动机点火系统、燃油供给系统；目测软管、垫片和管道；检查进气负压或空气滤清器；检查涡轮增压器。
（4）增压压力控制电磁阀的检测主要有控制电磁阀的检测；增压压力控制电磁阀的电气检测；增压压力控制电磁阀的供电检测；增压控制电磁阀的触发情况检测。

任务 4　可变气门正时结构检修

任务描述

一辆 2010 款迈腾 1.8TSI，发动机型号为 BYJ，行驶里程 4.8 万 km。客户李先生反映该车怠速抖动，加油时液压挺杆有异响，同时该车还有机油消耗量较大的问题。可变气门正时结构故障如图 3-50 所示。

图 3-50　可变气门正时结构故障

101

引起上述故障的主要原因可能有发动机可变气门正时控制系统故障、发动机正时机械部分故障、发动机配气机构故障等，需要对发动机相关系统进行检查，确定故障后进行维修或部件更换并将发动机装复。

学习目标

1. 知识目标

（1）了解可变进气系统的组成、结构与功用；
（2）掌握可变进气系统各部件的安装位置、功用。

2. 能力目标

（1）能运用检测和诊断设备进行可变进气系统的检测与诊断；
（2）能参照维修手册进行可变进气系统各部件的更换。

3. 素质目标

（1）能熟练使用维修手册等资料查询可变进气系统相关知识；
（2）能够按照企业7S要求和安全生产规范完成可变进气系统检修操作；
（3）能与其他同学合理分工、密切合作完成学习活动，并能评价同学操作情况；
（4）能自主学习不同品牌可变进气系统的知识。

建议学时：6学时

知识准备

当前很多发动机进气系统是可变进气系统，该系统不同于以往的固定长度和直径的进气道以及传统的进气控制方式，通过改变进气道的长度或改变进排气门的开启时刻和升程等方式来提高发动机的动力性和经济性。

可变进气系统主要包括可变气门正时系统和可变进气管长度系统，这些系统的作用主要是使发动机在低转速时获得较大扭矩，在高转速时提高发动机的输出功率。

一、可变气门正时系统

1. 可变气门正时系统的功用

可变气门正时系统可根据发动机的状态控制进气凸轮轴，通过调整凸轮轴转角对配气时机进行优化，以获得最佳配气正时，从而在所有转速范围内提高扭矩，并大大改善燃油经济性，有效提高汽车的功率与性能，减少油耗和废气排放量。

2. 可变气门正时系统的组成

可变气门正时系统由传感器、发动机 ECU、凸轮轴正时油压控制阀和执行器等部件组成，如图 3-51 所示。

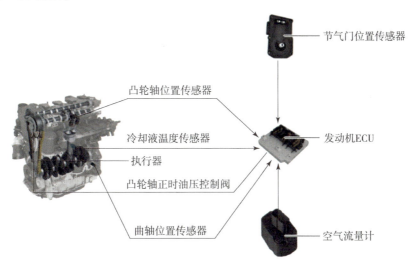

图 3-51 可变气门正时系统的组成

（1）传感器包括凸轮轴位置传感器、曲轴位置传感器和节气门位置传感器等。

（2）凸轮轴正时油压控制阀是一个电磁阀，如图 3-52 所示。当发动机在怠速或低速低负荷状态下工作时，凸轮轴正时油压控制阀使进气凸轮轴正时处于延迟位置，以保证发动机稳定工作；当发动机在中低速高负荷状态下工作时，进气凸轮轴正时处于提前位置，以增加扭矩输出；当发动机在高速低负荷状态下工作时，进气凸轮轴正时处于延迟位置，以利于高速运转；当发动机温度较低时，进气凸轮轴正时处于延迟位置，以稳定怠速，降低油耗。

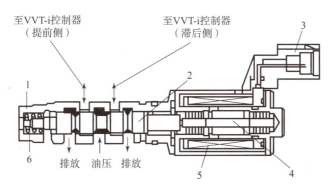

图 3-52 凸轮轴正时油压控制阀
1—套管；2—滑阀；3—连接器；4—柱塞；5—线圈；6—弹簧

（3）执行器装在进气凸轮轴前端，其结构如图 3-53 所示，叶片与进气凸轮轴固定在一起。在外壳上，因油压的作用，叶片可在一定角度内前后移动，带动进气凸轮轴一起旋转，以达到进气门正时的连续变化。另外，当锁定销右侧有油压送入时，柱塞克服弹簧弹

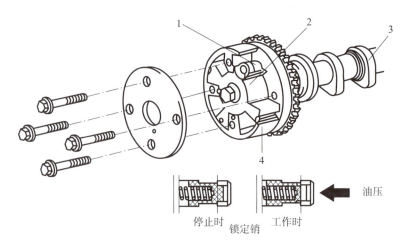

图 3-53 执行器的结构
1—锁定销；2—叶片（固定在进气凸轮轴上）；3—进气凸轮轴；4—壳体

力向左移，与链轮盘分离，故叶片可在执行器内左右移动；当无油压进入时，柱塞弹出，叶片与链轮盘及外壳等连接成一体转动。

（4）ECU 接收各传感器的信号，确立气门正时目标值，并修正反馈的气门正时实际值，以占空比的方式控制凸轮轴正时油压控制阀，改变油压的方向或油压的进出，从而达到使进气门正时提前、延后或固定的目的。

3. 可变气门正时系统的工作原理

（1）进气门正时提前时：ECU 送出"ON"时间较长的占空比信号给凸轮轴正时油压控制阀，柱塞阀移至最左侧，此时左油道与机油压力相通，右油道为回油道，故机油压力将叶片向凸轮轴旋转方向推动，使进气凸轮轴向前转一个角度，进气门提前开启，进、排气门重叠开启角度最大。

扫码观看—可变气门正时系统原理

（2）进气门正时固定时：ECU 送出"ON"时间一定的占空比信号给凸轮轴正时油压控制阀，柱塞阀保持在中间，堵住左、右油道，此时不进油也不回油，叶片保持在活动范围的中间。

（3）进气门正时延迟时：ECU 送出"ON"时间较短的占空比信号给凸轮轴正时油压控制阀，柱塞阀移至最右侧，此时左油道回油，右油道与机油压力相通，故机油压力将叶片逆凸轮轴旋转方向推动，进气门开启提前角度最小。

二、可变进气管长度系统

1. 可变进气管长度系统的功用

发动机在低转速时，用细长的进气歧管可以增加进气的气流速度和气压强度，使燃油雾化得更好，燃烧得更好，提高扭矩。发动机在高转速时，需要大量进气，此时进气歧管变粗变短，发动机可以有更多的进气量，以提高输出功率。可变进气歧管在发动机低速和高速时都能提供最佳配气。

2. 可变进气管长度系统的组成及工作原理

可变进气管长度系统（如宝来 A4 1.8L 发动机，见图 3-54、图 3-55、图 3-56）主要包括进气管转换电磁阀、进气管/主进气管和真空控制罐（见图 3-57）等。

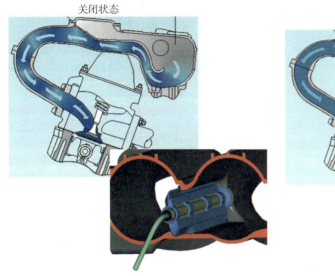

图 3-54 可变进气管长进气道开启

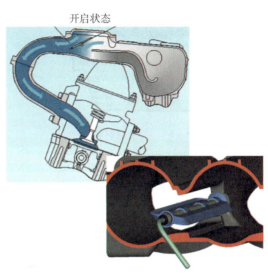

图 3-55 可变进气管短进气道开启

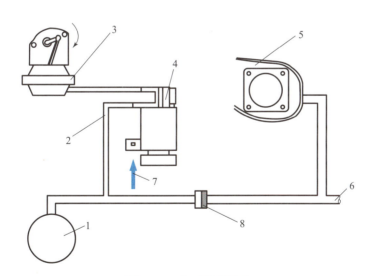

图 3-56 气动控制管路

1—真空箱；2—真空管；3—真空控制罐；4—进气管转换电磁阀；5—进气管/主进气管；6—至其他单元；7—由发动机 ECU 进行控制；8—止回阀

进气管转换借助真空以气动方式进行。气动操纵由发动机 ECU 通过进气管转换电磁阀（见图 5-58）进行控制。

真空管在主进气管接受真空，在真空箱内形成真空，止回阀用于防止真空泄漏。发动

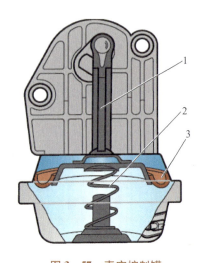

图 3-57 真空控制罐
1—拉杆；2—压力弹簧；3—膜片

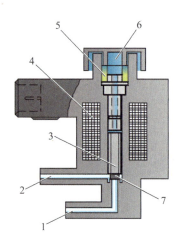

图 3-58 进气管转换电磁阀
1—真空箱；2—至真空控制罐；3—电磁阀电枢（阀）；
4—电磁线圈；5—泡沫内芯过滤器；6—大气压力；7—阀板

机关闭以及怠速运转时，控制鼓位于功率调节位置，即进气行程较短，控制鼓由真空控制罐内的压力弹簧支撑在这个位置。进气管转换电磁阀阻断至真空控制罐的真空。对进气管转换电磁阀进行控制时，至真空控制罐的真空导通，系统克服压力弹簧的张力，膜片与拉杆一起被拉下，控制鼓转动90°，进气管转换到扭矩调节位置。

知识拓展

一、丰田可变气门正时系统

1. 丰田 VVT-i 技术

丰田 VVT-i 全称 Variable Valve Timing with Intelligence，即智能可变气门正时。丰田 VVT-i 发动机的 ECM 在各种行驶工况下都会自动搜寻一个对应发动机转速、进气量、节气门位置和冷却液温度的最佳气门正时，并控制凸轮轴正时油压控制阀，通过各个传感器的信号来感知实际气门正时；然后执行反馈控制，补偿系统误差，达到最佳气门正时的位置，从而能有效地提高汽车的功率与性能，尽量减少油耗和废气排放量。

1）VVT-i 的控制过程

VVT-i 的控制过程如图 3-59 所示。ECM 接收各传感器信号，修正反馈的气门正时实际值，确立气门正时目标值，以工作时间比的方式控制凸轮轴正时油压控制阀，改变油压的方向或油压的进出，以达到使进气门正时提前、延后或固定的目的。

2）VVT-i 的构造与作用

（1）VVT-i 的组成如图 3-60 所示，VVT-i 执行器装在进气凸轮轴前端，凸轮轴正时油压控制阀装于其侧端。

VVT-i 执行器的构造如图 3-61 所示，叶片与进气凸轮轴固定在一起，在外壳上，因油压的作用，叶片可在一定角度内前后移动，带动进气凸轮轴一起旋转，以达到进气门

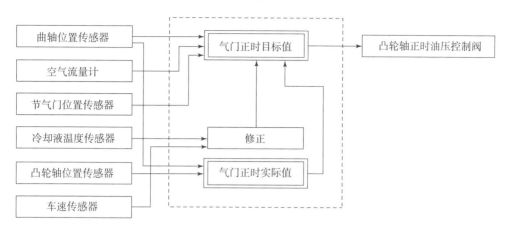

图 3-59　VVT-i 的控制过程

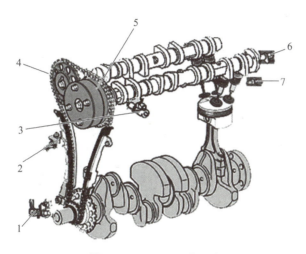

图 3-60　VVT-i 的组成

1—曲轴位置传感器；2—链条张紧器；3—凸轮轴正时油压控制阀；4—正时链条；5—VVT-i 控制器；6—凸轮轴位置传感器；7—冷却液温度传感器

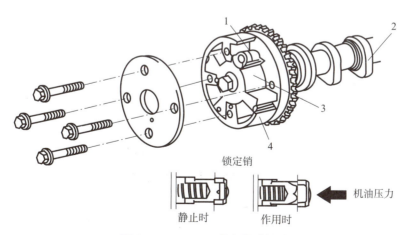

图 3-61　VVT-i 执行器的构造

1—锁定销；2—进气凸轮轴；3—叶片；4—外壳

正时的连续变化。另外，当锁定销侧有油压送入时，柱塞克服弹簧力向左移，与链轮盘分离，叶片可在执行器内左右移动；当无油压进入时，柱塞弹出，叶片与链轮盘及外壳等连接成一体转动。

（2）VVT-i的作用。

①进气门正时提前时：如图3-62所示，ECM送出"ON"时间较长的工作时间比信号给凸轮轴正时油压控制阀，阀柱塞移至最左侧，此时左油道与机油压力相通，而右油道则为回油道，故机油压力将叶片向凸轮轴旋转方向推动，使进气凸轮轴向前转一角度，进气门提前开启，进、排气门重叠开启角度最大。

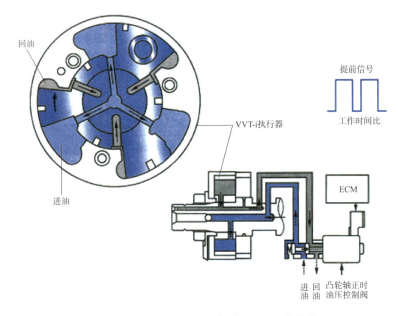

图3-62 进气门正时提前时VVT-i的作用

②进气门正时固定时：如图3-63所示，ECM送出"ON"时间一定的工作时间比信

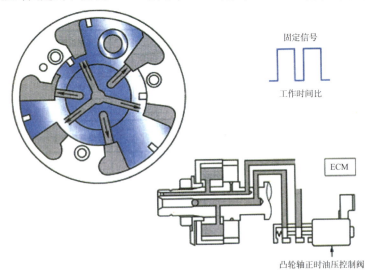

图3-63 进气门正时固定时VVT-i的作用

号给凸轮轴正时油压控制阀，阀柱塞保持在中间，堵住左、右油道，此时不进油也不回油，叶片保持在活动范围的中间，故进气门开启提前角度较小。

③进气门正时延迟时：如图3-64所示，ECM送出"ON"时间较短的工作时间比信号给凸轮轴正时油压控制阀，阀柱塞移至最右侧，此时左油道回油，右油道与机油压力相通，故机油压力将叶片逆凸轮轴旋转方向推动，进气门开启提前角度最小。

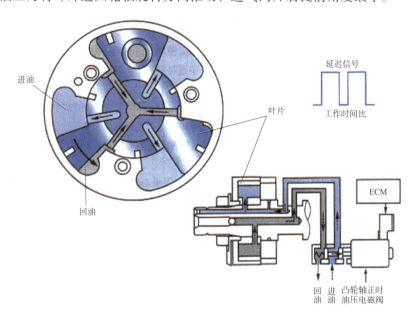

图3-64 进气门正时延迟时VVT-i的作用

VVT-i在各种运转状态及负荷时进气门的提前状况与优点如表3-4所示。

表3-4 VVT-i在各种运转状态及负荷时进气门的提前状况与优点

运转状态	气门正时	优点
怠速	IN / EX	怠速运转稳定、省油
轻负荷	→IN / EX	确保发动机的稳定性
中负荷	←IN / EX	省油、低污染
低/中转速高负荷	IN← / EX	提高扭矩与输出功率
高转速高负荷	→IN / EX	提高输出功率
低温时	IN / EX	快怠速运转稳定、省油
起动时	IN / EX	改善起动性

2. 双VVT技术

现在丰田发动机的排气门也配备了VVT系统（D-VVT、双VVT技术），从而在进、排气门都实现了气门正时无级可调，进一步优化了燃烧效率。双VVT技术如图3-65所示。

图 3-65 双 VVT 技术

3. 丰田发动机 VVTL-i 技术

丰田 VVTL-i（Variable Valve Timing & Lift Intelligent）系统结构如图 3-66 所示。

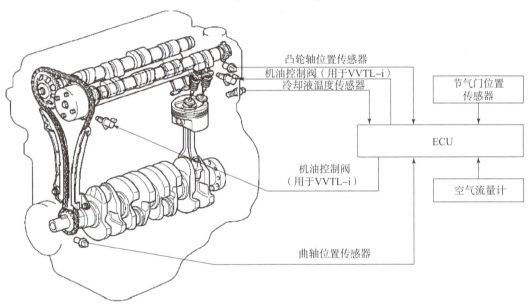

图 3-66 丰田 VVTL-i 系统结构

基于 VVT-i 系统，VVTL-i 系统采用凸轮转换机构（见图 3-67），使发动机在不同的转速工况下由不同的凸轮控制，及时调整进、排气门的升程和开启持续时间。为了更好

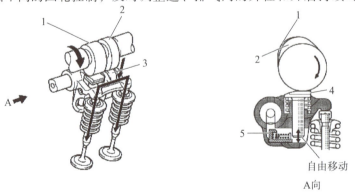

图 3-67 丰田 VVTL-i 凸轮转换机构
1—高速凸轮；2—低-中速凸轮；3—滚柱；4—摇臂衬垫；5—摇臂销

地提高发动机转速和获得更高的输出功率，可变气门升程系统对气门开启和关闭时刻进行了优化，大大提高了燃油经济性。当发动机低－中转速运行时，由凸轮轴上的低－中转速凸轮驱动摇臂，使进、排气门动作。当发动机高转速运行时，来自传感器的信号使ECU控制机油控制阀动作，调节摇臂活塞的液压系统，使高速凸轮工作，这样进、排气门的升程和开启持续时间增加，发动机的充气效率提高。

二、本田VTEC（Variable Valve Timing and Valve Lift Electronic Control）系统

1. VTEC系统

1) 组成

VTEC系统的组成：（1）控制部分，包括电控单元ECU、VTEC电磁阀和VTEC压力开关；（2）传感器，包括发动机转速传感器、车速传感器和冷却液温度传感器等；（3）执行机构，包括凸轮轴、摇臂轴、主摇臂、中间摇臂、次摇臂、正时活塞、同步活塞、回位弹簧、进气门和正时板等。本田VTEC系统的组成如图3-68所示。

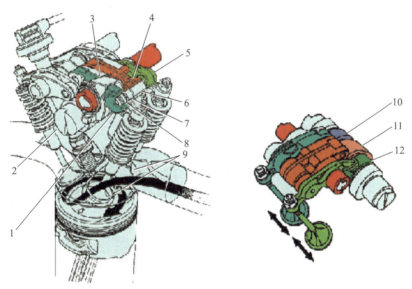

图3-68 本田VTEC系统的组成

1—主摇臂；2—凸轮轴；3—正时板；4—中间摇臂；5—次摇臂；6—同步活塞B；
7—同步活塞A；8—正时活塞；9—进气门；10—主凸轮；11—中凸轮；12—次凸轮

每个气缸均有三个进气凸轮，其轮廓均不相同，依次排列，中间摇臂、主摇臂、次摇臂高度依次减小，在进气摇臂轴上三个摇臂并排在一起，其中主摇臂和次摇臂驱动气门，中间摇臂压在一个内装弹簧的失效器上。在主摇臂上有一油道与摇臂轴油道相通。在主摇臂腔内有一正时液压活塞，右边次摇臂腔内有一同步活塞，在正时活塞与同步活塞之间有一回位弹簧，在主摇臂上装有一正时板。

2) VTEC系统工作原理

VTEC系统工作原理：ECU接收发动机转速、负荷，车速，冷却液温度，VTEC压力

开关等信号,经过计算处理后输出信号给电磁阀,控制流向摇臂轴的油压,从而使不同配气定时和气门升程的凸轮工作,以满足不同转速下发动机对进、排气的需求,如图3-69所示。

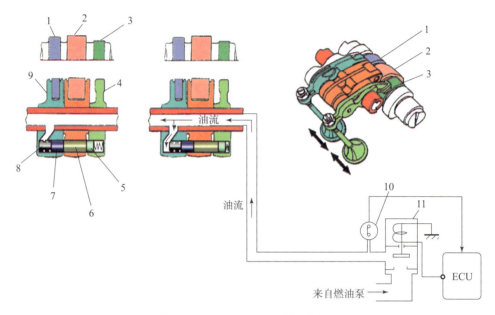

图3-69 本田VTEC系统工作原理

1—主凸轮;2—中凸轮;3—次凸轮;4—次摇臂;5—阻挡活塞;6—同步活塞B;
7—同步活塞A;8—正时活塞;9—主摇臂;10—VTEC压力开关;11—VTEC电磁阀

VTEC系统工作时,分为低速和高速两个工作过程。

(1) 低速状态工作过程。发动机在低速运转时,油道内没有油压,同步活塞在回位弹簧的作用下位于左端。这时A、B两个同步活塞正好位于主摇臂和中间摇臂内,三个摇臂各自独立工作,互不干涉。两个进气门分别由主、次凸轮驱动,由于主凸轮升程长,因此主气门开度大;由于次凸轮升程小,因此次气门开度很小,进入发动机的混合气相对很少,此时中间凸轮空转,对气门动作无影响。因此低速时VTEC不起作用。本田VTEC低速状态工作过程如图3-70所示。

(2) 高速状态工作过程。当发动机转速为2 300~2 500 r/min,负荷达25%,冷却液温度在60 ℃以上,车速在10 km/h以上时,由于离心力和惯性力作用,正时板克服弹簧力而取消对正时活塞的锁止。同时ECM向VTEC电磁阀供电,使电磁阀开启,来自油泵的液压油进入正时活塞的一侧,由正时活塞推动同步活塞移动,同步活塞将主摇臂、中间摇臂、次摇臂串联在一起,成为一个同步工作的组合摇臂。由于中间凸轮升程最大,气门的提前开角和滞后关闭角也大,两个进气门同时工作,吸入的混合气量多,满足了发动机在高速状态下对进气量的需求。本田VTEC高速状态工作过程如图3-71所示。

当发动机转速下降到一定值时,ECM切断VTEC电磁阀的电流,正时活塞一侧的油压降低,各摇臂油腔内的活塞在回位弹簧的作用下回位,三个摇臂又彼此分离,独立工作。

2. i-VTEC系统

本田公司最新的i-VTEC系统是VTEC+VTC(Variable Timing Control)+intelligent的

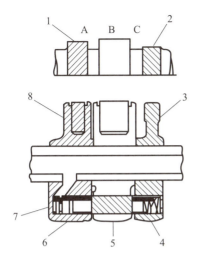

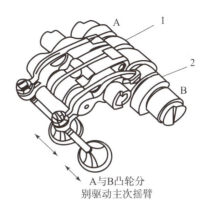

图 3-70 本田 VTEC 低速状态工作过程
1—主凸轮；2—副凸轮；3—次摇臂；4—阻挡活塞；5—同步活塞 B；
6—同步活塞 A；7—正时活塞；8—主摇臂

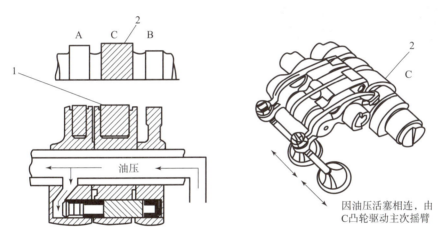

图 3-71 本田 VTEC 高速状态工作过程
1—中间摇臂；2—中间凸轮

结合。i-VTEC 是本田公司在 VTEC 的基础上，配合可以连续控制进气门正时相位的 VTC 功能，成为高智能的可变气门正时和升程构造。i-VTEC 系统的 VTC 装置的功能与 VVT-i 的控制器功能相同，装在凸轮轴前端的 VTC 执行器以油压控制的方式，使凸轮轴左右转动，以提前或延迟气门的开启时间，从而使气门正时可连续变化。i-VTEC 中的 i 即 intelligence，指发动机智能化。i-VTEC 能根据车辆的行驶状况和负荷情况智能化地控制气门开闭和升程，大幅度地提升了车辆的节油性能和清洁环保性能。

三、宝马的 Valvetronic 系统

宝马的 Valvetronic 系统在传统的配气相位机构上增加了一根偏心轴、一个步进电动机和中间推杆等部件，该系统借由步进电动机的旋转，再在一系列机械传动后很巧妙地改变

了进气门升程的大小。宝马的 Valvetronic 电子气门机构如图 3-72 所示。

当凸轮轴运转时，凸轮会驱动中间推杆和摇臂来完成气门的开启和关闭。当电动机工作时，蜗轮蜗杆机构会首先驱动偏心轴发生旋转，然后中间推杆和摇臂会产生联动，偏心轴旋转的角度不同，最终凸轮轴通过中间推杆和摇臂顶动气门产生的升程也会不同。在电动机的驱动下，进气门的升程可以实现从 0.18 mm 到 9.9 mm 的无级变化。宝马的 Valvetronic 电子气门升程如图 3-73 所示。

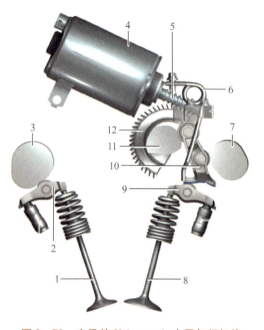

图 3-72 宝马的 Valvetronic 电子气门机构

1—排气门；2—摇臂；3—排气凸轮轴；4—伺服电动机；5—螺杆；6—扭转弹簧；7—进气凸轮轴；8—进气门；9—摇臂；10—中间推杆；11—偏心轴；12—蜗轮

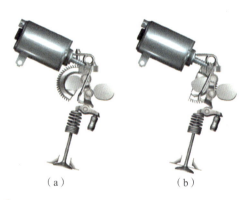

图 3-73 宝马的 Valvetronic 电子气门升程
（a）最小气门升程；（b）最大气门升程

宝马的 Valvetronic 技术已经覆盖了旗下的多款发动机，包括目前陆续推出的涡轮增压新动力。该技术能够让发动机对驾驶员的意图做出更迅捷的反馈，同时通过发动机管理系统对气门升程进行精确控制，实现车辆在各种工况和负荷下的最佳动力匹配。

操作指引

1. 课前准备

（1）场地设施：举升机一台，装有废气抽排系统和消防设施的场地；
（2）设备设施：发动机台架或整车；
（3）工量具：常用工具（一套）、车辆故障诊断仪、示波器、万用表等；
（4）耗材：保险丝、线束等；
（5）学生组织：教师指导、分组实训、过程评价。

2. 注意事项

（1）在实训场地应穿着干净整洁的工服；

（2）听从实训指导教师的安排，严格遵守场地安全规定，注意用电安全；

（3）在操作过程中，注意拆装工具及万用表、车辆故障诊断仪等设备的使用，拆下的零部件要轻拿轻放，避免磕碰和损坏；

（4）在检测可变进气系统各部件的线路时，严禁用力拉扯线束；

（5）检测电气元件时，应提前关闭点火开关。

1. 故障原因分析

该车怠速抖动，加油时液压挺杆有异响，同时该车机油消耗量较大，该故障可能是发动机进气系统机械发生故障或进气控制系统相关部件发生故障。

2. 故障诊断与排除过程

1）读取故障码

使用车辆故障诊断仪进行检测，查询故障存储器。

2）检测可变气门正时系统

（1）功能检测。

在发动机暖机后，使用车辆故障诊断仪的动态测试功能操作凸轮轴正时油压控制阀，当凸轮轴正时油压控制阀为"OFF"时，发动机转速应正常；当凸轮轴正时油压控制阀为"ON"时，发动机怠速应不稳定甚至熄火。

（2）凸轮轴正时油压控制阀检测。

①检测电阻：拔下电磁阀线束插头，用万用表测量电磁阀两端子之间的电阻，阻值应符合规定，如新宝来电磁阀两端子间的电阻为 7.8 Ω。

②电路检测：断开电磁阀线束连接器，将点火开关置于"ON"位置，用万用表测量其电源端子与搭铁之间的电压，电压应为电源电压。测量电磁阀搭铁端子与发动机 ECU 端子之间的电阻，阻值应小于 1 Ω。

3）检测可变进气管长度系统

（1）功能检测。

①发动机关闭以及怠速时控制鼓位于短进气行程位置，增大发动机转速到一定值，控制鼓则转换到长进气行程位置；

②用手拉动拉杆，检查转换机构是否运转自如；

③检查真空管连接是否完好；

④检查真空系统及进气歧管真空罐的密封性。

（2）检测进气管转换电磁阀。

①功能检查：从电磁阀上拆下真空输入端软管，用手动真空泵给电磁阀施加一定的真空度，应能保持住真空，电磁阀通电应无真空度。

②检测电阻：拔下电磁阀线束插头，用万用表测量电磁阀两端子之间的电阻，阻值应符合规定，如宝来 1.8 L 电磁阀两端子之间的电阻为 25～35 Ω。

③检测电路：断开电磁阀线束连接器（进气管转换电磁阀电路如图 3-74 所示），起动发动机，用万用表测量其电源端子与搭铁之间的电压，电压应为 12 V 电源电压。测量电磁阀搭铁端子与发动机 ECU 端子之间的电阻，阻值应小于 1 Ω。

3. 故障排除小结

当故障发生部位不方便检测时，应该先读取有无相关故障码，如果有故障码，则按照故障码进行故障查找。同时检查数据流，通过数据流查找可能的故障原因，然后判断出故障发生在机械部分还是电控部分。

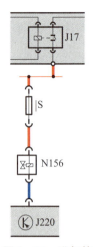

图 3-74　进气管转换电磁阀电路

（1）可变气门正时系统主要包括凸轮轴位置传感器、凸轮轴正时油压控制阀和执行器等部件。

（2）可变气门正时系统的功用是通过调整凸轮轴转角对配气时机进行优化，以获得最佳的配气正时。

（3）可变气门正时系统的检测主要包括功能检测和凸轮轴正时油压控制阀检测。

（4）可变进气管长度系统主要包括进气管转换电磁阀、进气管/主进气管、真空控制罐等部件。

（5）可变进气管长度系统采用不同的进气管长度来适应发动机的不同转速。

（6）可变进气管长度系统的检测主要包括功能检测和进气管转换电磁阀检测。

项目四
排放控制系统原理与检修

项目描述

一、排放控制系统与整车的关系

排放控制系统是现代汽车上不可缺少的组成部分,它将汽车的有害排放物的排放量控制在最低限度,以减少对大气的污染。

排放控制系统与整车其他系统在设计中是统一的。在过去传统的汽车及发动机设计中,主要考虑的性能是动力性和可靠性。随着汽车有害排放物对大气的污染日趋严重,世界各国限制汽车排放的法规越来越严格。为了达到新的规定要求,排放控制系统必须与整车其他系统进行统一设计,使现代汽车能够达到所规定的、包括排放性能在内的综合性能指标的要求。

排放控制系统与整车其他系统相互交融。由于采用统一设计原则,各个系统都相互依赖,实质上排放控制系统难以与其他系统严格区分。现代汽车上的控制系统已基本"电子化",即由计算机控制汽车,使汽车上的控制逐步"一体化",以达到更高的综合性能指标。因此,不仅要把排放控制系统看作解决排放问题的单一系统,而且应视其为整车控制系统的一部分,因为它关系到汽车的总体性能指标。

二、减少排污的方法

减少排污的第一种方法是机内控制法。这种方法根据有害排放物生成机理，对发动机结构及控制系统进行改造和改进设计，采用新材料、新工艺、新技术和新的控制方法，使发动机内空气和燃油的混合气充分、高效地燃烧，从而达到减少有害气体排放的目的。例如，发动机上的燃油喷射系统既能根据发动机的状况精确地控制喷油量，达到合理的空气、燃油混合比，又能良好地雾化空气和燃油的混合气，加上精确的点火控制，使污染物进一步减少，适应了越来越严格的排污规范和标准。

减少排污的第二种方法是机外控制法。这种方法将车上排放的有害气体通过反馈或过滤等装置，使它们重新进入气缸燃烧或在排放过程中被氧化、还原，变成无害物质排出车外，减少污染物排放。例如，帕萨特1.8T汽车上的曲轴箱通风装置可以把"窜"入曲轴箱的未燃烧的混合气强制导入气缸的燃烧室进行重新燃烧，从而避免混合气从曲轴箱中逸出，污染空气；再如，三元催化转换器也能在一定条件下充分氧化、还原排气中的一氧化碳、碳氢化合物和氮氧化合物，有效地抑制有害气体的排放。

机内控制法的装置和机外控制法的装置可统一为排放控制系统。

三、排放控制系统的基本组成

帕萨特1.8T排放控制系统主要由涡轮增压器、氧传感器、三元催化转换器、二次空气喷射装置、废气再循环系统、曲轴箱强制通风系统和燃油蒸气排放控制系统等组成。帕萨特1.8T发动机及其排放控制系统如图4-1所示。

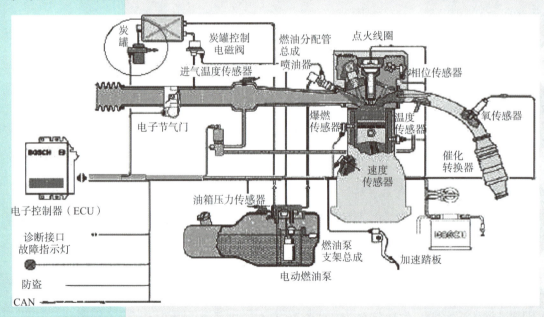

图4-1 帕萨特1.8T发动机及其排放控制系统

📝 本项目主要学习任务

排放控制系统原理与检修

氧传感器检修

项目四 排放控制系统原理与检修

任务1　排放控制系统结构与原理

一辆2009款迈腾1.8T轿车，装备BYJ发动机，行驶里程8.6万km。客户李先生反映该车在行驶中发动机突然熄火，熄火后多次尝试起动发动机都无法着车，此前车辆并未维修过。

在发动机机械系统正常的情况下，发动机无法着车，一般故障出现在发动机电控系统的传感器、ECU或执行器。当排放控制系统出现故障时，可能会出现发动机无法起动、怠速不稳、点火推迟、尾气排放恶劣等故障现象。若要判断故障是否发生在空气流量传感器，则需要对空气流量传感器进行检修。

1. 知识目标

（1）掌握三元催化转换器的功用、组成结构、工作原理及信号特性；
（2）掌握废气涡轮增压系统的功用、组成结构、工作原理及信号特性；
（3）掌握二次空气喷射系统的功用、组成结构、工作原理及信号特性。

2. 能力目标

（1）能在实车上找到排放控制系统各部件的安装位置；
（2）能运用检测和诊断设备进行排放控制系统的检测与诊断；
（3）能参照维修手册进行排放控制系统部件的更换。

3. 素质目标

（1）能够使用维修手册等资料查询不同车型的排放控制系统检修知识；
（2）能够按照企业7S要求和安全生产规范进行排放控制系统检修操作；
（3）能够与同学协调分工、密切合作，完成学习活动；
（4）能够自主学习不同类型排放控制系统的相关知识。

建议学时：6学时

知识准备

一、三元催化转换器

1. 作用

三元催化转换器安装在排气管中部，其作用是利用转换器中的三元催化剂将发动机排出的废气中的有害气体转变为无害气体。

2. 构造

三元催化转换器中起主要作用的是三元催化剂，它是铂（或钯）和铑的混合物，促使有害气体HC、CO和NO_x发生反应，生成无害的CO_2、N_2和H_2O。三元催化转换器损坏会造成因堵塞而不易起动和排放不合格等故障。三元催化转换器的安装位置如图4-2所示，一般安装于排气系统消声器前后。

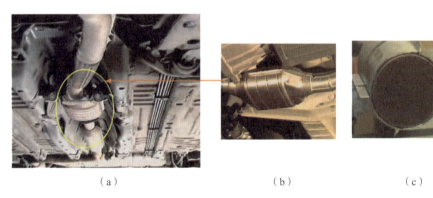

图4-2 三元催化转换器、三元催化剂及其安装位置
(a) 安装位置；(b) 三元催化转换器；(c) 三元催化剂

三元催化转换器可分为颗粒型和蜂巢型两种，前者将催化剂沉积在颗粒状氧化铝载体表面，后者将催化剂沉积在蜂巢状氧化铝载体表面，氧化铝表面形状复杂，可增大催化剂与废气的实际接触面积。三元催化转换器的装置示意如图4-3所示。

3. 工作原理

发动机排出的废气流经三元催化转换器时，三元催化剂不仅可使废气中的有害气体HC和CO进一步氧化，生成无害气体CO_2和H_2O，而且能促使废气中的NO_x与CO反应生成无害气体CO_2和N_2。

项目四 排放控制系统原理与检修

图 4-3 三元催化转换器的装置示意

三元催化转换器在工作时温度很高，应特别注意排气系统周围的部件，防止在作业时被烫伤。

试验证明：只有当混合气的空燃比控制在理论空燃比（14.7）附近时，三元催化转换器才能使碳氢化合物、一氧化碳、氢气的还原反应和氮氧化物、氧气的氧化反应同时进行，并将排气中的三种有害气体 HC、CO、NO_x 转化为 CO_2、H_2O 等无害成分。因此，三元催化剂只有借助于加热型氧传感器并通过 ECM/PCM 实行闭环控制才能充分发挥其效能。

二、废气再循环系统

1. 废气再循环系统的作用及 NO_x 的生成机理

废气再循环（Exhaust Gas Recirculation，EGR）系统的作用是把一部分排气引入进气系统中，使其和新鲜混合气一起进入气缸中参与燃烧，其主要目的是减少氮氧化合物（NO_x）的排放。

氮氧化合物（NO_x）是混合气在高温和富氧条件下燃烧时，含在混合气中的 N_2 和 O_2 发生化学反应产生的。燃烧温度越高，N_2 和 O_2 越容易反应，排出的 NO_x 越多，所以减少 NO_x 的较好方法是降低燃烧室的温度。

EGR 系统工作时，一部分废气进入进气系统，与新鲜的燃油混合气混合，使混合气变稀，从而降低了燃烧速度，燃烧室温度和压力随之下降，从而有效地减少 NO_x 的生成。EGR 率（EGR 的控制量用 EGR 率表示，其定义为再循环废气的量占整个进气量的百分比）增加将使混合气燃烧速度减慢、燃烧稳定性变差、HC 和 CO 排放量上升、发动机功率下降、油耗增大。因此，EGR 率必须进行适当控制，总的控制要求如下：

（1）NO_x 排放量随负荷增加而增加，EGR 率也应随之增加。

（2）发动机水温低于 50 ℃时，不应进行废气再循环。

（3）汽油发动机在怠速时，NO_x 排放量不高，不进行废气再循环；发动机中小负荷时，将一定量的废气引入燃烧室参与燃烧；发动机全负荷和急加速时，不应进行废气再循环。

（4）柴油发动机在怠速、中小负荷时将一定量的废气引入燃烧室参与燃烧，但在全负荷时废气再循环系统不起作用。

2. EGR 控制系统

1) 普通 EGR 控制系统

普通 EGR 控制系统主要由发动机 ECU、废气再循环电磁阀（EGR 电磁阀）、废气再循环阀（EGR 阀）等组成，如图 4-4 所示，该系统采用废气再循环电磁阀、废气再循环阀分开设计。有的 EGR 控制系统将废气再循环电磁阀与废气再循环阀合二为一，直接由发动机 ECU 控制。

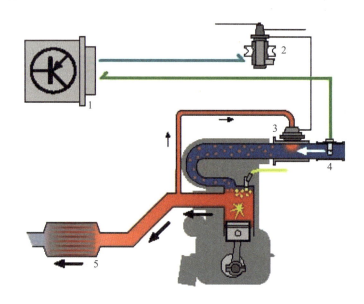

图 4-4 普通 EGR 控制系统
1—发动机 ECU；2—废气再循环电磁阀；3—废气再循环阀；
4—空气流量计；5—尾气净化装置

当发动机工作时，发动机 ECU 根据曲轴位置传感器、节气门位置传感器、冷却液温度传感器等信号，给 EGR 控制阀提供不同占空比的脉冲电压，使其打开、关闭的平均时间不同，从而得到控制 EGR 阀不同开度所需的各种真空度，以获得适合发动机任何工况的不同的 EGR 率。脉冲电压信号的占空比越大，电磁阀打开时间越长，EGR 率越大；反之，脉冲电压信号的占空比越小，EGR 率越小。当 EGR 率小至某一值时，EGR 控制阀关闭，废气再循环系统停止工作。

2) 带 EGR 位置传感器的废气再循环系统

带 EGR 位置传感器的废气再循环系统如图 4-5 所示，除了有与普通 EGR 控制系统相同功能的 EGR 电磁阀、EGR 阀，废气再循环系统还装有一个可以检测 EGR 阀升程的 EGR 位置传感器。该传感器是一个电位计，它向发动机 ECU 传送 EGR 阀开度信号，作为控制废气再循环的参考信号，以实现 EGR 系统的闭环控制。发动机 ECM/PCM 存储有多种工况下 EGR 阀的最佳提升高度信号。如果实际提升高度值与发动机 ECM/PCM 存储的最佳值不同，ECM/PCM 便改变 EGR 控制阀上的电压，从而使 EGR 控制阀通过 EGR 真空控制阀提高或降低 EGR 阀上的真空压力，控制进入燃烧室的废气量。

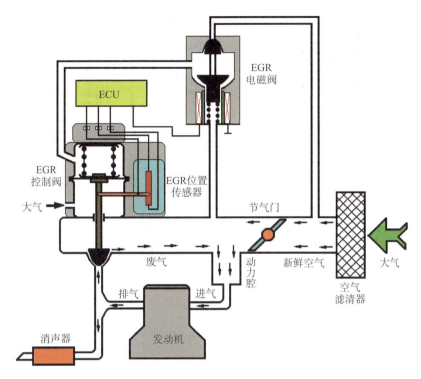

图 4-5　带 EGR 位置传感器的废气再循环系统

三、二次空气喷射系统

1. 二次空气喷射系统的组成及工作原理

二次空气喷射系统是降低尾气排放的机外净化装置之一，如图 4-6 所示。该系统主要包括发动机 ECU、二次空气控制阀、二次空气机械阀和二次空气泵等部件。该系统通过向废气中吹进额外的空气（二次空气），增加其中氧气的含量，以使废气中未燃烧的有害物质［一氧化碳（CO）以及碳氢化合物（HC）］在高温环境下再次燃烧。

二次空气控制阀受发动机 ECU 控制，发动机 ECU 根据工况适时地打开与关闭二次空气控制阀。二次空气机械阀接受二次空气控制阀的控制，二次空气控制阀工作后，来自进气道的真空吸力打开二次空气机械阀，之后新鲜空气经过二次空气机械阀进入排气管。

在发动机冷起动阶段，未燃烧的碳氢化合物及 CO 等有害物质排放量相对较高，此时，三元催化转换器尚未达到工作温度（300 ℃以上），所以在轿车排放标准达到 EU3 或 EU4 要求时，一些车辆必须装备机外净化装置——二次空气喷射系统，以降低发动机冷起动阶段有害物质的排放，其结构如图 4-7 所示。另外，再次燃烧的热量使三元催化转换器很快就达到所需的工作温度。

发动机起动后，发动机 ECU 激活二次空气喷射系统。该系统开始工作后，发动机 ECU 控制二次空气控制阀，并通过进气真空吸力打开二次空气机械阀，空气经过滤清器过滤后通过二次空气泵增大压力，再直接被吹到二次空气机械阀，最终进入排气管。二次空

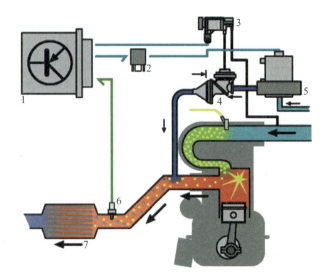

图 4-6 二次空气喷射系统

1—发动机 ECU；2—二次空气继电器；3—二次空气控制阀；
4—二次空气机械阀；5—二次空气泵；6—氧传感器；7—三元催化转换器

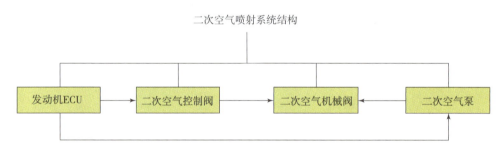

图 4-7 二次空气喷射系统结构

气泵的作用是在很短时间内将空气压进二次空气机械阀后面的废气中。二次空气喷射系统未工作时，热的废气将积攒在组合阀门处，阀门阻止其进入二次空气泵。在控制过程中，自诊断系统同时进行检测。由于废气中所含氧气量增加，氧传感器电压降低，所以氧传感器必须处于工作状态。当二次空气喷射系统正常工作时，氧传感器将检测到极稀的混合气。

2. 二次空气喷射系统的工作条件

二次空气喷射系统只在部分时间内起作用，在以下两种工况下工作：冷起动后，冷却液温度为 5~33 ℃，工作时间为 100 s；热起动后，怠速时冷却液温度为 96 ℃，工作时间为 10 s。

四、燃油蒸气排放控制系统

燃油蒸气排放控制系统能够储存燃油系统中产生的燃油蒸气（HC），防止燃油蒸气泄漏到大气中，减少对环境的污染；同时将收集的燃油蒸气适时地送入进气歧管，与正常混合气混合后进入发动机燃烧，使汽油得到充分利用。

1. 燃油蒸气排放控制系统的功用

燃油蒸气排放控制系统是为防止燃油箱内的燃油蒸气排入大气中产生污染而设计的，其功能是收集燃油箱内蒸发的燃油蒸气，并将燃油蒸气导入气缸参加燃烧，从而防止燃油蒸气直接排入大气中而造成污染。同时，根据发动机的工况，控制导入气缸参加燃烧的燃油蒸气量。

扫码观看—燃油蒸气排放控制系统原理

2. 燃油蒸气排放控制系统的组成及工作原理

燃油蒸气排放控制系统如图4-8所示，它主要由燃油箱、活性炭罐、炭罐控制电磁阀和发动机ECU等部件组成。

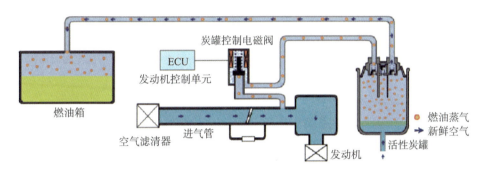

图4-8 燃油蒸气排放控制系统

活性炭罐是燃油蒸气排放控制系统中收集和储存燃油蒸气的部件，活性炭罐的下部与大气相通，上部有接头与油箱和进气歧管相连；其内部充满活性炭颗粒，具有极强的吸附燃油分子的能力。炭罐控制电磁阀控制活性炭罐到发动机进气管之间的气路，电磁阀的主要部件是电磁线圈，电磁线圈通电产生磁力吸引衔铁，衔铁带动针阀使电磁阀开启，该电磁阀受电控单元控制。炭罐控制电磁阀外观和结构分别如图4-9、图4-10所示。

燃油箱内的燃油蒸气经连接油箱的管路进入活性炭罐后，蒸气中的燃油分子被吸附在活性炭颗粒表面。活性炭罐有一个出口，经软管与发动机进气歧管相通。软管的中部设有一个活性炭罐电磁阀（常闭），以控制管路的通断。当发动机运转时，如果发动机ECU控制活性炭罐电磁阀开启，则在进气歧管真空吸力的作用下，空气从活性炭罐底部进入，经过活性炭至上方出口，再经软管进入发动机进气管，吸附在活性炭表面的燃油分子又重新脱附，随新鲜空气一起被吸入发动机气缸参加燃烧。这一过程一方面使燃油得到充分利用；另一方面也使活性炭罐内的活性炭保持良好的吸附燃油分子的能力，而不会因长期使用而失效。当活性炭罐电磁阀关闭时，燃油蒸气储存在活性炭罐中。

3. 燃油蒸气排放控制系统的控制过程

为了防止破坏发动机正常工作时的混合气成分，影响发动机正常工作，必须对燃油蒸气进入发动机进气歧管的时机和进入量进行控制，通常通过发动机ECU控制炭罐控制电磁阀的占空比来控制其开启和关闭。

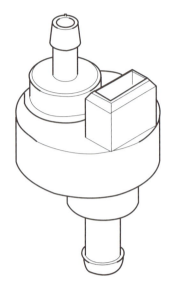 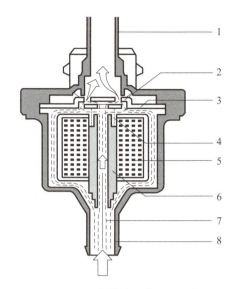

图 4-9 炭罐控制电磁阀外观

图 4-10 炭罐控制电磁阀结构
1, 8—管接头; 2—密封元件; 3—衔铁; 4—弹簧片; 5—电磁线圈; 6—密封座; 7—蒸气管道

发动机 ECU 使炭罐控制电磁阀工作通常考虑以下条件:
(1) 发动机起动已超过规定的时间;
(2) 冷却液温度已高于规定值;
(3) 发动机处于非怠速状态;
(4) 发动机转速高于规定值。

当满足以上条件时,发动机 ECU 使电磁阀线圈通电,并控制电磁阀的开启程度,储存在活性炭罐内的燃油蒸气经软管被吸入发动机参加燃烧。此时由于发动机的进气量较大,少量的燃油蒸气进入发动机不会影响混合气的浓度。如果不完全满足上述条件,则 ECU 不会激活炭罐控制电磁阀,燃油蒸气将被储存在炭罐中。

知识拓展

一、曲轴箱强制通风系统

1. 作用和基本组成

曲轴箱强制通风系统的作用是将曲轴箱中的碳氢化合物强行导入发动机歧管和燃烧室,重新进行燃烧,以免碳氢化合物进入大气引起污染。

当发动机工作时,由于活塞环不能使活塞与气缸缸壁之间完全密封,一些没有燃烧的空气、燃油混合气与已燃烧的其他物质在压力和做功冲程的作用下,通过活塞环进入曲轴箱。这些气体主要是碳氢化合物,人们把它称为曲轴箱蒸气或"窜气"。

曲轴箱强制通风系统主要由通气软管、PCV 软管和 PCV 阀等部件组成,其中核心部件是 PCV 阀。PCV 阀由一个柱塞式阀和弹簧构成,位于气缸体的侧面。

PCV 阀是曲轴箱强制通风系统中的重要部件，它可以使发动机在所有转速和负荷情况下正常工作。PCV 阀是一个流量控制阀，如果没有它，在发动机怠速或较低速运转时，过量的空气会通过曲轴箱进入歧管，发动机的空气、燃油混合比增大，使汽车怠速不稳或失速。

2. 工作原理

当发动机工作时，进气歧管形成相对真空，把曲轴箱中的蒸气和吸入的混合气通过软管和 PCV 阀导入进气歧管，从而进入气缸进行燃烧，既防止了曲轴箱"窜气"的危害，又使"窜气"不能进入大气造成污染。

进气歧管的真空度决定了 PCV 阀的关闭及开启程度，PCV 阀的关闭及开启程度则决定了窜缸混合气被吸入进气歧管进而参加燃烧的进气量。当节气门开度增大时，进气歧管真空度降低。PCV 阀在其弹簧力的作用下开度增大，使较多的"窜气"（已与通气管来的新鲜气体混合）被吸入气缸再燃烧。当节气门开度减小时，进气歧管的真空度增高。PCV 阀的开度减小甚至关闭，因而被吸入进气歧管的"窜气"也少，甚至没有。这样，曲轴箱的"窜气"在不影响可燃混合气浓度的情况下，通过曲轴箱强制通风装置适时地进行再循环燃烧。曲轴箱强制通风系统的结构原理如图 4-11 所示。

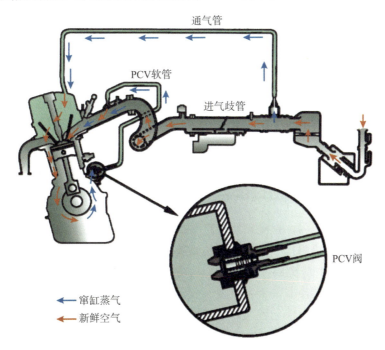

图 4-11 曲轴箱强制通风系统的结构原理

3. 曲轴箱强制通风系统的检修

（1）在发动机怠速时，检查 PCV 软管、通气软管及其接头是否有泄漏现象。如有，则应予以更换。

（2）拆下 PCV 软管和通气软管，检查软管有无堵塞和老化等不良现象。如有，则应予以更换。

（3）在发动机怠速时，用手或钳子轻轻地不断捏夹 PCV 软管，此时应听到 PCV 阀反复开闭的"咔哒"声，否则检查 PCV 阀座密封圈是否破损。如果密封圈正常，则应更换 PCV 阀并重复上述检查。

1. 课前准备

（1）场地设施：举升机一台，装有废气抽排系统和消防设施的场地；
（2）设备设施：整车或发动机台架；
（3）工量具：常用工具（一套）、车辆故障诊断仪、示波器、万用表等；
（4）耗材：保险丝、线束等；
（5）学生组织：教师指导、分组实训、过程评价。

2. 注意事项

（1）在实训场地应穿着干净整洁的工作服；
（2）听从实训指导教师的安排，严格遵守场地安全规定，注意用电安全；
（3）在操作过程中，注意拆装工具及万用表、车辆故障诊断仪等设备的使用，拆下的零部件要轻拿轻放，避免磕碰和损坏；
（4）在检测排气控制系统各部件的线路时，严禁用力拉扯线束；
（5）检测电气元件须断开部件插头时，应提前关闭点火开关。

一、三元催化转换器的检修

（1）用数字式高温检测计检测三元催化转换器入口和出口的温差，其不得小于 38 ℃。
（2）用尾气分析仪检测排气流中的有害物质是否超标，若超标，则说明三元催化转换器转换效率降低，必要时应更换。
（3）检查三元催化转换器是否有破裂、破损。
（4）用手电筒检查三元催化转换器排气口是否被积炭堵塞（不允许使用含铅汽油）。

二、废气再循环系统的检修

1. 检测废气再循环电磁阀

1）废气再循环电磁阀功能检测

真空测试仪与电磁阀连接 EGR 阀一侧相连，检测电磁阀真空度，其开始无真空，电磁阀开始工作后将有真空。

2) 检测废气再循环电磁阀的电阻

拔下 EGR 电磁阀线束插头，用万用表测量 EGR 电磁阀两端子之间的电阻，阻值应符合规定，大多数车型的电阻通常为 14～20 Ω。

3) 废气再循环电磁阀电路检测

断开 EGR 电磁阀线束连接器，打开点火开关，但不起动发动机，用万用表测量其电源端子与搭铁之间的电压，电压应为 12 V 电源电压（有些车辆须起动发动机）。测量喷油器搭铁端子与发动机 ECU 端子之间的电阻，阻值应小于 1 Ω。

2. 检测废气再循环阀及位置传感器

检测 EGR 阀，如图 4 - 12 所示。在用手动真空泵给 EGR 阀的膜片上方施加约 15 kPa 的真空度时，EGR 阀应能开启；在不施加真空度时，EGR 阀应能完全关闭。若施加约 51 kPa 的真空度，则应出现怠速不稳或熄火现象。若不符合上述要求，则说明 EGR 阀工作不良。

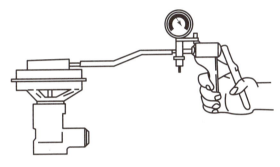

图 4 - 12　检测 EGR 阀

EGR 位置传感器的电源电压应为 5 V，当 EGR 阀位置改变时，传感器信号电压应在 0～5 V 内相应改变。

三、二次空气喷射系统的检修

1. 检测二次空气控制阀

1) 检测二次空气控制阀的电阻

拔下二次空气控制阀线束插头，用万用表测量二次空气控制阀两端子之间的电阻，阻值应符合规定，大多数车型的电阻应为 13～16 Ω。

2) 二次空气控制阀电路检测

断开二次空气控制阀线束连接器，打开点火开关，但不起动发动机，用万用表测量其电源端子与搭铁之间的电压，电压应为 12 V 电源电压（有些车辆须起动发动机）。

2. 检测二次空气泵

1) 检测二次空气泵的线路

拔下二次空气泵插头，在二次空气继电器工作时，在二次空气泵电源端子之间可以检测到12 V的电压。测量二次空气泵搭铁端子与车身之间的电阻，阻值应小于1 Ω。

2）检测二次空气泵电阻

拔下二次空气泵插头，检测二次空气泵电阻，阻值应符合规定值。

3. 二次空气泵执行功能测试

拆下二次空气泵上的压力软管。利用车辆故障诊断仪启用执行元件自诊断功能来起动二次空气继电器，二次空气泵应间歇工作，出风口出风。

4. 检测二次空气控制阀

拔下二次空气泵插头，将点火开关置于"ON"位置，检测二次空气控制阀电源端子之间的电压，电压应为电源电压；检测二次空气控制阀搭铁端子与发动机 ECU 端子之间的电阻，阻值应小于1 Ω。

拔下二次空气控制阀插头，检测二次空气控制阀电阻，阻值应符合规定值。

四、燃油蒸气排放控制系统的检修

1. 系统基本检查与维护

检查各连接管路有无破损或漏气，必要时应更换连接软管；检查活性炭罐壳体有无裂纹、底部进气滤芯是否脏污，必要时应更换活性炭罐。

2. 检测炭罐控制电磁阀

1）检查炭罐控制电磁阀功能

从炭罐控制电磁阀上拆下出气端软管，用手动真空泵给该电磁阀施加一定的真空度，应能保持住真空度，且电磁阀通电应无真空度。

2）检测炭罐控制电磁阀的电阻

拔下二次空气控制阀线束插头，用万用表测量二次空气控制阀两端子之间的电阻，阻值应符合规定值。

3）检测炭罐控制电磁阀电路

断开二次空气控制阀线束连接器，打开点火开关，但不起动发动机，用万用表测量其电源端子与搭铁之间的电压，电压应为12 V电源电压。测量喷油器搭铁端子与发动机 ECU 端子之间的电阻，阻值应小于1 Ω。

（1）三元催化转换器的作用是利用转换器中的三元催化剂，将发动机排出的废气中的有害气体转变为无害气体。

（2）三元催化转换器中起主要作用的是三元催化剂，它是铂（或钯）和铑的混合物，促使有害气体 HC、CO 和 NO_x 发生反应，生成无害的 CO_2、N_2、H_2O。三元催化转换器损坏后将出现因堵塞而不易起动和排放不合格等故障现象。

（3）当混合气的空燃比控制在理论空燃比（14.7）附近时，三元催化转换器转化效果最好。

（4）废气再循环系统主要包括废气再循环电磁阀和废气再循环阀等部件。

（5）废气再循环系统的作用是把一部分排气引入进气系统中，使其和新鲜混合气一起进入气缸中参与燃烧，其主要目的是减少氮氧化合物（NO_x）的排放。

（6）废气再循环系统检修主要包括功能检修、废气再循环电磁阀检修和废气再循环阀检修等。

（7）废气再循环系统可以通过检测其控制过程是否正常来判断系统是否存在故障。

（8）二次空气喷射系统主要包括二次空气控制阀、二次空气机械阀、二次空气泵等部件，该系统通过向废气中吹进额外的空气（二次空气）来增加排气中氧气的含量。

（9）二次空气喷射系统中二次空气控制阀受发动机 ECU 控制，发动机 ECU 根据工况适时地打开与关闭二次空气控制阀。

（10）二次空气喷射系统检测主要包括二次空气控制阀检测和二次空气泵检测等。

（11）二次空气喷射系统可以通过检测其控制过程是否正常来判断系统是否存在故障。

（12）燃油蒸气排放控制系统主要包括活性炭罐、炭罐控制电磁阀等部件，该系统的功用是将燃油箱内蒸发的燃油蒸气进行储存，并将燃油蒸气导入气缸参与燃烧。

（13）燃油蒸气排放控制系统主要部件的功用及工作原理。

（14）燃油蒸气排放控制系统的检测主要包括功能检测和炭罐控制电磁阀检测。

（15）燃油蒸气排放控制系统可以通过检测其控制过程是否正常来判断系统是否存在故障。

任务 2　氧传感器检修

一辆 2012 款迈腾 B7L 1.8T 轿车，装备 CEA 发动机。客户李先生反映在提车后不久该车发动机故障指示灯点亮，如图 4-13 所示，但汽车动力性能并没有发生变化。

图 4-13　氧传感器故障

引起故障灯点亮的因素有多个，可能是进气系统故障、燃油供给系统故障、点火系统故障或发动机电控系统故障。氧传感器失效会导致混合气过浓或过稀，产生怠速不稳、油耗过大、排放过高等故障，此时发动机自诊断系统将点亮汽车仪表板上的发动机故障报警灯，提示要立即检修。若判断故障发生在氧传感器，则需要对氧传感器进行检修。

1. **知识目标**

(1) 了解氧传感器的功用；
(2) 了解氧传感器的类型；
(3) 掌握氧传感器的组成结构、工作原理及信号特性。

2. **能力目标**

(1) 能在实车上找到氧传感器的安装位置；
(2) 能运用检测和诊断设备进行氧传感器的检测与诊断；
(3) 能参照维修手册进行氧传感器的更换。

3. **素质目标**

(1) 能熟练使用维修手册等资料查询氧传感器的检修知识；
(2) 能够按照企业 7S 要求和安全生产规范进行氧传感器检修操作；
(3) 能够与同学合理分工、密切合作，完成学习活动；
(4) 能够自主学习氧传感器的相关知识。

建议学时：4 学时

氧传感器安装在排气管上，在使用三元催化转化器降低排放污染的发动机上，氧传感器是必不可少的。三元催化转化器安装在排气管的中段，它能净化排气中 CO、HC 和 NO_x 三种主要的有害成分，但只有在混合气的空燃比处于接近理论空燃比的一个窄小范围内，三元催化转化器才能有效地起到净化作用。因此，在排气管上安装氧传感器，用以检测废气中的氧浓度，进而测定空燃比，并将其转换成电压信号或电阻信号，反馈给 ECU。ECU 控制空燃比收敛于理论值附近。

一、氧传感器类型

目前使用的氧传感器有氧化锆（ZrO_2）式和氧化钛（TiO_2）式两种，如图 4 - 14 所示，其中应用最多的是氧化锆式氧传感器。氧传感器有多种形式，除结构上有差异外，在外形上也有所不同,其接线有一根、二根、三根或四根,其中后两种是装有加热元件的加热式氧传感器。在检测时,通常需要使用数字式万用表或示波器来检测输出电压信号随混合气浓度变化的情况,以及 ECU 对电压信号的响应。发动机在正常工作温度时,如果氧传感器不能随混合气浓度输出相应的电压,则证明失效,需要进行更换。氧传感器失效会导致混合气过浓或过稀,产生怠速不稳、油耗过大、排放过高等故障,此时发动机自诊断系统将点亮汽车仪表板上的发动机报警灯,提示要立即进行检修。

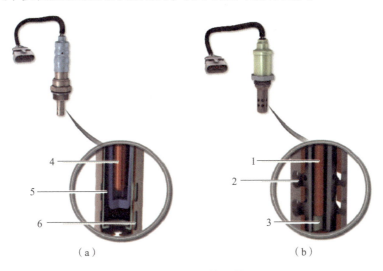

图 4-14 氧传感器
(a) 氧化锆式氧传感器;(b) 氧化钛式氧传感器
1、4—加热元件;2—通气孔;3—二氧化钛元件;5—锆管;6—通气孔

氧传感器按检测空燃比数值的范围不同分为普通氧传感器和宽带型氧传感器。普通氧传感器只能检测空燃比是大于或小于 14.7,当空燃比偏离理想空燃比较多时,其反应灵敏性降低;宽带型氧传感器即新式氧传感器,简称空燃比传感器,能检测的空燃比范围为 11∶1~23∶1,且检测精度高,不仅能使发动机实现稀混合气或浓混合气控制,而且喷油量的控制更加精确。

氧传感器按功能不同分为前氧传感器和后氧传感器。前氧传感器安装在三元催化转换器前面,用于检测混合气空燃比,ECU 据此调节喷油量,实现对空燃比的闭环控制;后氧传感器安装在三元催化转换器后面,用于检测经过三元催化转换器转换后的排气成分,以检测三元催化转换器的转换效率。

二、氧化锆式氧传感器的结构组成与工作原理

1. 氧化锆式氧传感器的结构组成

氧化锆式氧传感器(见图 4-15)的基本元件是氧化锆(ZrO_2)陶瓷管(固体电解质),亦称锆管。锆管固定在带有安装螺纹的固定套中,内外表面均覆盖着一层多孔性的铂膜,其内表面与大气接触,外表面与废气接触。氧化锆式氧传感器的接线端有一个金属护套,其上开有一个用于锆管内腔与大气相通的孔;电线将锆管内表面的铂极经绝缘套从此接线端引出。

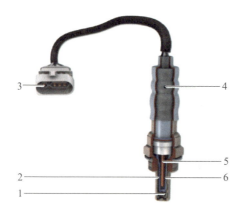

图 4-15 氧化锆式氧传感器

1—内电极；2—外电极；3—连接器针脚；
4—大气孔；5—加热元件；6—锆管

扫码观看—氧化锆
式氧传感器原理

2. 氧化锆式氧传感器的工作原理

氧化锆在温度超过 300 ℃时，才能正常工作。早期使用的氧传感器靠排气加热，这种传感器必须在发动机起动运转数分钟后才能开始工作。现在，大部分汽车使用带加热器的氧传感器。这种传感器内有一个电加热元件，可在发动机起动后的 20~30 s 内迅速将氧传感器加热至工作温度。

扫码观看—氧化锆式
氧传感器工作原理

锆管的陶瓷体是多孔的，渗入其中的氧气在温度较高时发生电离。由于锆管内、外侧氧含量不一致，存在浓度差，因此氧离子从大气侧向排气侧扩散，从而使锆管成为一个微电池，在两铂极间产生电压。

当混合气的实际空燃比小于理论空燃比，即发动机以较浓的混合气运转时，排气中氧含量低，但 CO、HC、H_2 等气体的含量较高。这些气体在锆管外表面的铂催化作用下与氧发生反应，将耗尽排气中残余的氧，使锆管外表面氧气浓度变为零，这就使得锆管内、外侧氧浓度差加大，两铂极间电压陡增。因此，氧化锆式氧传感器产生的电压将在理论空燃比时发生突变：稀混合气时，输出电压几乎为零；浓混合气时，输出电压接近 1 V，如图 4-16 所示。

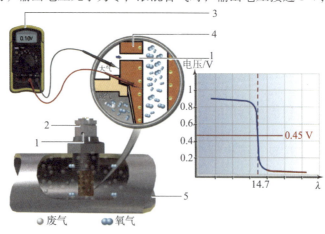

图 4-16 氧传感器的工作原理

1—大气孔；2—氧传感器；3—万用表；4—锆管；5—排气管

准确地保持混合气浓度为理论空燃比是不可能的。实际上，反馈控制只能使混合气在理论空燃比附近一个较小的范围内波动，故氧传感器的输出电压在 0.1~0.8 V 内不断变化（通常每 10 s 变化 8 次以上）。如果氧传感器输出电压变化过缓（每 10 s 少于 8 次）或电压保持不变（不论是保持在高电位还是保持在低电位），则表明氧传感器有故障，须检修。

三、宽带型氧传感器的结构组成与工作原理

宽带型氧传感器能够提供准确的空燃比反馈信号给 ECU，使 ECU 精确地控制喷油时间，气缸内混合气浓度始终保持在理论空燃比附近。宽带型氧传感器的使用提高了 ECU 的控制精度，最大限度地发挥了三元催化转换器的功用，优化了发动机的性能，并可节省大约 15% 的燃油消耗，更加有效地降低了有害气体的排放。宽带型氧传感器通过检测发动机排放的尾气中的氧含量，并向发动机 ECU 传送相应的电压信号，来反映空燃比的稀浓。ECU 根据氧传感器传送的实际混合气浓稀信号相应地调节喷油脉宽，使发动机运行在最佳空燃比（$\lambda=1$）状态，从而为三元催化转换器的尾气处理创造理想的条件。如果混合气太浓（$\lambda<1$），则必须减少喷油量；如果混合气太稀（$\lambda>1$），则必须增加喷油量。

1. 宽带型氧传感器的分类与结构组成

根据氧传感器的制造材料不同，宽带型氧传感器可分为以 ZrO_2 为基底的固化电解质型和利用氧化物半导体电阻变化型两大类；根据传感器的结构不同，宽带型氧传感器又可分为电池型、临界电流型及泵电池型。宽带型氧传感器的基本控制原理是以氧化锆式氧传感器为基础扩展而来的。氧化锆式氧传感器有一特性，即当氧离子移动时会产生电动势。若将电动势加在氧化锆组件上，就会造成氧离子的移动。根据此原理即可由发动机 ECU 控制得到所需的比例值。

宽带型氧传感器的结构如图 4-17 所示。构成宽带型氧传感器的组件有两个部分：一部分为氧电池 B，另一部分是泵氧元 A。氧电池的一面与大气接触；另一面是测试腔，通过扩散孔与排气接触。与氧化锆式氧传感器一样，宽带型氧传感器由于氧电池两侧的氧含量不同而产生一个电动势。氧化锆式氧传感器将此电压作为 ECU 的输入信号来控制混合比，而宽带型氧传感器与此不同的是，发动机 ECU 要把氧电池两侧的氧含量保持一致，让电压值维持在 0.45 V，这个电压只是 ECU 的参考标准值，这就需要传感器的另一部分来完成。

2. 宽带型氧传感器的工作原理

宽带型氧传感器的另一部分是传感器的关键部位——泵氧元，泵氧元一面是排气部分，另一面与测试腔相连。泵氧元就是利用氧化锆式氧传感器的反作用原理，将电压施加于氧化锆组件（泵氧元）上，这样会造成氧离子的移动。把排气中的氧气泵入测试腔中，使氧电池两侧的电压维持在 0.45 V。这个施加在泵氧元上变化的电压才是我们需要的氧含量信号。如果混合气太浓，那么排气中的氧含量下降，此时从扩散孔逸出的氧气较多，氧电池的电压升高。为使发动机 ECU 达到平衡，需要增加控制电流，提高泵氧效率，从而

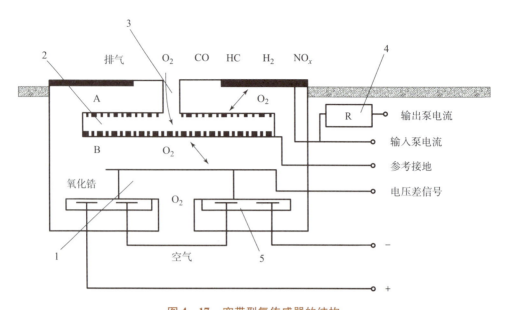

图 4-17 宽带型氧传感器的结构
1—空气腔；2—测试腔；3—扩散孔；4—微调电阻；5—加热器

增加测试腔的氧含量，这样可以调节感应式电压，使其恢复到 0.45 V；反之，如果混合气太稀，那么排气中的氧含量增加，这时氧气要从扩散孔进入测试腔，氧电池电压降低，此时泵氧元向外排出氧气来平衡测试腔中的氧含量，使氧电池的电压维持在 0.45 V。总而言之，加在泵氧元上的电压可以保证当测试腔内的氧含量高时，排出腔内的氧气，这时发动机 ECU 的控制电流是正电流；当腔内的氧含量低时，进行供氧，此时发动机 ECU 的控制电流是负电流。在以上过程中供给泵氧元的电流反映了排气中剩余空气的含量系数。

宽带型氧传感器有五根接线端子，其中两根是加热器的接线，一根是泵氧元 A 和氧电池 B 共用的参考接地线，一根是氧电池单元的信号线（电压差信号），最后一根是泵氧元泵电流的线。由于排气中的氧分子通过扩散孔向测试腔的扩散速率直接影响泵电流的数值，为了补偿制造误差，制造厂在每个宽带型氧传感器制成成品之前都要对其进行严格的校准，在传感器的泵电流电路上增加一个微调电阻，并将电阻安置在传感器的线束插头内，使五根接线的宽带型氧传感器有六根接线。该微调电阻的阻值范围为 30～300 Ω，而且对每个传感器而言，该电阻的阻值不完全相同。在更换传感器时，应将带有该电阻的传感器线束一同换掉。

四、空燃比反馈控制

1. 空燃比反馈控制原因

为了获得三元催化转换器所要求的空燃比，必须十分精确地控制喷油量。但在如下情况下，仅凭空气流量传感器测得的进气量信号是达不到这么高的控制精度的，这会造成燃烧后排出的 CO、HC、NO_x 在排气管中的混合比例错误，使三元催化转换效率下降，造成严重的排放污染。

（1）当喷油器漏油或堵塞时，会造成实际混合气过浓或过稀；

（2）点火系统缺火或火花能量不足会造成没有燃烧完的混合气直接进入三元催化转换器燃烧，造成汽车动力性、经济性和排放性下降；

（3）气门正时不对，混合气也会直接进入三元催化转换器燃烧；

（4）空气流量传感器连接的进气歧管漏气会造成生成的NO_x过多或空气流量传感器有故障后的输出曲线有偏差；

（5）冷却液温度传感器输出曲线有偏差；

（6）燃油系统喷油压力调节装置失效，使系统压力不正确；

（7）进气温度传感器信号输出曲线有偏差等。

因此必须借助安装在排气管中的氧传感器送来的反馈信号，对理论空燃比进行反馈控制。发动机 ECU 根据氧传感器传送的信号对混合气空燃比进行控制的方法称为闭环控制。这个控制系统需要经过一定时间间隔，控制过程才能响应，即从进气管内形成混合气开始至氧传感器检测排气中的含氧浓度，需要经过一定的时间。这一过程的时间包括混合气被吸入气缸、排气流过氧传感器以及氧传感器的响应时间等。由于存在滞后时间，要完全准确地使空燃比保持在理论空燃比（14.7）是不可能的，因此实际控制的混合气的空燃比总是保持在理论空燃比（14.7）附近的一个狭窄范围内。

2. 反馈控制的实施条件

采用氧传感器进行反馈控制即闭环控制时，原则上供给的混合气浓度在理论空燃比附近。但在有些条件下又是不适宜的，当发动机起动以及刚起动未暖机时，由于发动机冷却液温度低，这时需要较浓的混合气，如果按反馈控制供给的混合气浓度在理论空燃比附近，则发动机可能会熄火。又如，发动机在大负荷、高转速运转（实际在高速公路、车速超过 130 km/h，风阻很大，要保证高车速必须加大节气门开度，以维持发动机高转速高扭矩，发动机转速高，车速才能高）时，也需要较浓的混合气，如果按反馈控制供给的混合气浓度也在理论空燃比附近，则发动机会运转不良。所以在某些情况下必须停止反馈控制，即进入开环控制状态。一般遇到以下情况反馈控制功用会解除。

（1）发动机起动时；

（2）冷起动后的暖机过程；

（3）汽车大负荷或超速行驶时；

（4）燃油中断供给时；

（5）从氧传感器送来的空燃比过稀，信号持续时间大于规定值（如 10 s 以上）时；

（6）从氧传感器送来的空燃比过浓，信号持续时间大于规定值（如 4 s 以上）时。

此外，由于氧传感器的温度在 300 ℃以下不会产生电压信号，因此反馈控制也不会发生作用。

操作指引

1. 课前准备

（1）场地设施：举升机一台，装有废气抽排系统和消防设施的场地；

(2) 设备设施：迈腾轿车；

(3) 工量具：常用工具（一套）、车辆故障诊断仪、示波器、万用表等；

(4) 耗材：保险丝、线束、氧传感器等；

(5) 学生组织：教师指导、分组实训、过程评价。

2. 注意事项

(1) 穿着干净整洁的工作服；

(2) 遵守场地安全规定，注意用电安全；

(3) 插拔车辆故障诊断仪时，一定要关闭点火开关；

(4) 正确使用万用表、示波器等工量具；

(5) 在检测氧传感器时，严禁用力拉扯线束。

1. 故障原因分析

客户李先生反映一辆装备 CEA 发动机的 2012 款迈腾 B7L 1.8T 轿车发动机故障灯点亮。引起此故障灯点亮的因素有多个，可能是进气系统故障、燃油供给系统故障、点火系统故障或发动机电控系统故障。现在需要使用诊断仪器、设备和工具做进一步检测。

迈腾 1.8TSI CEA 发动机安装有两个氧传感器，前氧传感器为 G39，加热器为 Z19；后氧传感器为 G130，加热器为 Z29。前、后氧传感器线束插头安装位置如图 4-18 所示。前、后氧传感器电路如图 4-19 所示。

扫码观看—氧传感器检测

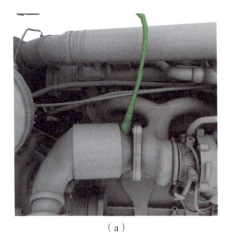
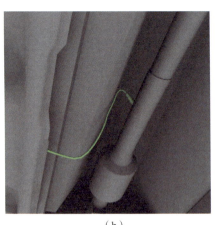

(a) (b)

图 4-18 前、后氧传感器线束插头安装位置

(a) 前氧传感器插头；(b) 后氧传感器插头

前氧传感器为新型宽带型氧传感器，有六根线，其中 T6w/4 为加热器 12 V 电源，T6w/3 为加热器 ECU 控制的搭铁端子，T6w/6 为氧电池单元的信号端子，T6w/5 为校准后的泵氧单元的信号端子，T6w/1 为泵氧单元的初始信号端子，T6w/2 为氧电池单元与泵氧

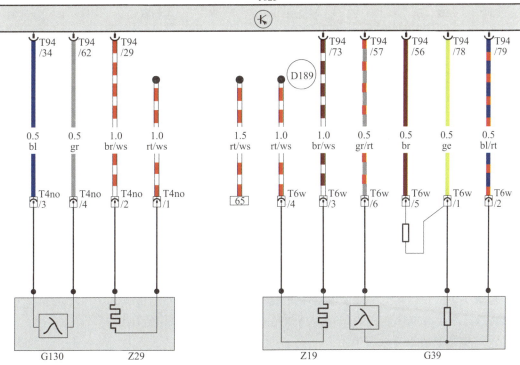

图 4-19 前、后氧传感器电路

单元共用的参考接地端子。后氧传感器为普通氧传感器，有四根线，其中 T4no/1、T4no/2 为加热器端子，T4no/3、T4no/4 为氧传感器端子。下面以前氧传感器为例说明其检测过程。

2. 故障诊断与排除过程

1）读取故障码

使用车辆故障诊断仪进行检测，查询故障存储器。

2）读取氧传感器数据流

将车辆故障诊断仪连接到诊断座 DLC3，打开点火开关和车辆故障诊断仪，测量数据流，发动机转速为 700~860 r/min（迈腾 1.8T），氧传感器的数据流如表 4-1 所示。

表 4-1 氧传感器的数据流

地址列	ID	测量值	数量	单位	目标值
01	1.1	发动机转速	2 640	r/min	
01	1.2	冷却液温度	67.0	℃	
01	1.3	氧传感器控制值	0.0	%	
01	34.2	三元催化转换器温度	498.0	℃	
01	34.3	传感器 1 的动态因素	1.00		
01	36.1	传感器 2 的传感器电压	0.45	V	

续表

地址列	ID	测量值	数量	单位	目标值
01	37.3	确定空燃比控制的部件	0.000		
01	41.1	氧传感器加热器1的电阻	510	Ω	
01	41.3	氧传感器加热器2的电阻			
01	41.4	传感器2的状态	Hlg aC，切断		
01	43.1	发动机转速、空燃比传感器老化	2 040	r/min	
01	43.3	传感器2的氧传感器电压	0.47	V	

3）检测氧传感器线路

（1）检测加热器电源。

关闭点火开关，拔下前氧传感器插头，将点火开关置于"ON"位置，用万用表检测前氧传感器插头4号端子与搭铁之间电压，电压应为12 V左右。

（2）检测氧传感器输出信号。

起动发动机并运转至工作温度，用万用表检测前氧传感器信号端子T6w/5与搭铁之间电压，怠速时信号电压应在2.2~2.8 V内变化。后氧传感器信号在0.45 V左右。

（3）检测氧传感器线路电阻。

关闭点火开关，断开氧传感器连接器，检测氧传感器与发动机ECU对应端子的电阻，阻值应小于1 Ω。

（4）检测氧传感器加热器电阻。

关闭点火开关，拔下前氧传感器插头，用万用表检测前氧传感器插头T6w/3与T6w/4端子之间的电阻，阻值应为3.7 Ω左右，如图4-20所示。

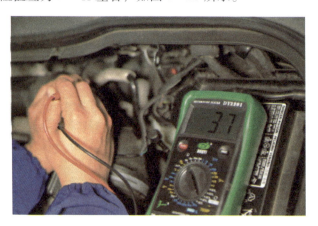

图4-20 检测氧传感器加热器电阻

4）检测氧传感器信号特性

用示波器测量氧传感器信号波形，普通氧传感器信号波形如图4-21所示，宽带型氧传感器信号波形如图4-22所示。

5）更换氧传感器

如果氧传感器发生故障，则应按维修手册要求更换氧传感器。

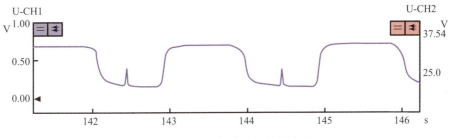

图 4-21　普通氧传感器信号波形

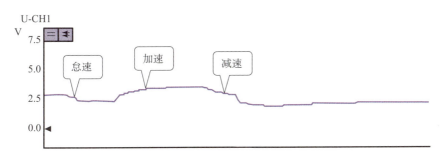

图 4-22　宽带型氧传感器信号波形

3. 故障排除小结

进行故障检测和诊断时，不要盲目更换零部件，要学会使用车辆故障诊断仪，并通过故障原因分析和检测最终确定故障点，并按照维修手册要求排除故障。

（1）氧传感器安装在排气管上，用来检测排气管尾气中氧气的含量，并以电信号的方式告知发动机ECU，发动机ECU根据氧传感器的信号调整喷油量，以实现喷油系统的闭环控制。

（2）如果氧传感器出现问题，可能会导致混合气过浓或过稀，产生怠速不稳、油耗过大和排放过高等故障。

（3）氧传感器检修项目包括读取氧传感器数据流、检测氧传感器线路、检测氧传感器波形及更换氧传感器等。

项目五

电子控制点火系统原理与检修

点火系统是汽油发动机的重要组成部分,点火系统的性能对发动机的功率、油耗和排气污染等影响很大。能够在火花塞两电极间产生电火花的全部设备称为点火系统。

一、点火系统的功用及组成

点火系统的功用是将蓄电池或发电机提供的低压电变为高压电,按照发动机的工作顺序和点火时刻适时准确地将高压电分配给各缸火花塞,使之跳火,点燃气缸内的可燃混合气,如图5-1所示。

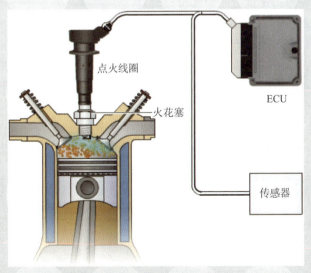

图5-1 点火系统功用

扫码观看一点火系统功用

点火系统的基本装置包含电源、传感器、电子控制单元（ECU）、点火线圈、高压电分配装置、高压线及火花塞。现代的点火提前装置则已改由发动机ECU控制，发动机ECU收集发动机转速、进气歧管压力或空气流量、节气门位置、电瓶电压、水温、爆燃等信号，计算出最佳点火正时提前角度，再发出点火信号，从而达到控制点火正时的目的。

二、对点火系统的基本要求

在发动机各种工况和使用条件下点火系统应能保证可靠而准确地点火，因此点火系统应满足以下基本要求。

1. 能产生足以击穿火花塞间隙的电压

击穿火花塞间隙而产生火花时所需要的电压称为击穿电压。点火系统产生的次级电压必须高于击穿电压，才能使火花塞跳火。火花塞间隙是火花塞中心电极与侧电极之间的间隙，如图5-2所示。

2. 火花应具有足够的能量

当发动机正常工作时，不同工况对火花能量的要求不一样。因此，为了保证可靠点火，高能电子点火系统一般应具有80~100 mJ的火花能量，起动时应产生高于100 mJ的火花能量。

3. 点火时刻应适应发动机的工作情况

首先，点火系统应按发动机的工作顺序进行点火；其次，必须在最有利的时刻进行点火。

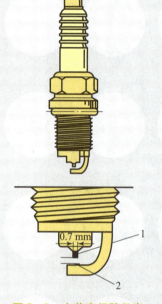

图5-2 火花塞间隙示意
1—中心电极；2—侧电极

由于混合气在气缸内燃烧占用一定的时间，所以混合气不应在压缩行程上止点处点火，而应适当提前，使活塞达到上止点时混合气已充分燃烧，从而使发动机获得较大功率。点火时刻一般用点火提前角来表示，即从火花塞开始跳火到活塞到达上止点为止这段时间曲轴转过的角度。

如果点火过迟，当活塞到达上止点时才点火，则混合气的燃烧主要在活塞下行过程中完成，气缸内最高燃烧压力降低，导致发动机过热、功率下降。如果点火过早，由于混合气的燃烧完全在压缩过程中进行，气缸内的燃烧压力急剧升高，当活塞到达上止点之前即达到最大，使活塞受到反冲，不仅使发动机的功率降低，还有可能引起爆燃和出现运转不平稳现象。

本项目主要学习任务

点火线圈与火花塞检修
爆燃传感器检修

项目五 电子控制点火系统原理与检修

任务 1　点火线圈与火花塞检修

 任务描述

　　一辆 2014 款大众 1.8T 基本型迈腾 B7L 轿车，客户李先生反映该车最近在行驶中起动正常，怠速抖动，EPC 灯亮，发动机故障指示灯亮。点火线圈与火花塞故障如图 5-3 所示。

　　造成上述故障的原因有点火系统故障、燃油供给系统故障、进排气系统故障、J623 自身故障和机械故障等几个方面。若判断故障在点火系统，则需要对点火系统进行检修。

图 5-3　点火线圈与火花塞故障

 学习目标

1. 知识目标

（1）掌握发动机非独立点火系统的组成、结构、功用及原理；
（2）掌握发动机独立点火系统的组成、结构、功用及原理。

2. 能力目标

（1）能运用检测和诊断设备获取发动机信息，确定合适的发动机点火系统故障的诊断程序；
（2）能诊断发动机点火系统故障，并分析故障原因；
（3）能参照维修手册进行发动机点火系统部件的维修与更换。

145

3. 素质目标

（1）能够使用维修手册等资料查询点火系统检修知识；
（2）能够按照企业7S要求和安全生产规范进行点火系统检修操作；
（3）能够与同学合理分工、密切合作，完成学习活动；
（4）能够自主学习点火系统相关新知识、新技术。

建议学时：4学时

知识准备

一、计算机控制非独立点火系统的组成

计算机控制点火系统主要由凸轮轴位置传感器、曲轴位置传感器、空气流量传感器、节气门位置传感器、冷却液温度传感器、进气温度传感器、车速传感器、爆燃传感器、各种控制开关、电控单元、点火控制模块、点火线圈以及火花塞等部件组成。计算机控制非独立点火系统的结构组成如图5-4所示。

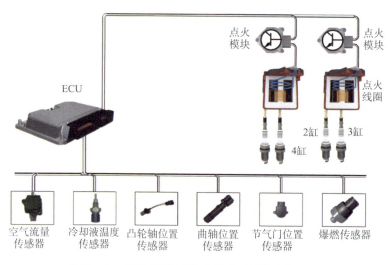

图5-4 计算机控制非独立点火系统的结构组成

扫码观看—计算机控制点火系统组成

1. 传感器与开关信号

传感器用来检测与点火有关的发动机工作和状况信息，并将检测结果传送给ECU，作为计算和控制点火时刻的依据。虽然各型汽车采用的传感器类型、数量、结构及安装位置不尽相同，但是其作用大同小异，而且这些传感器大多被燃油喷射系统和怠速控制系统等共用。

凸轮轴位置传感器能够识别气缸活塞是否即将到达上止点，所以又称为气缸识别传感器。

曲轴位置传感器的作用是确定曲轴的位置，即曲轴的转角。通过曲轴位置传感器来判断哪个气缸活塞处于上止点，通过凸轮轴位置传感器来判断哪个气缸活塞在压缩冲程中。这样，发动机 ECU 可以计算出各缸的点火时刻。

空气流量传感器是确定进气量大小的传感器，空气流量信号传送给 ECU 后，除了用于计算基本喷油时间外，还用作负荷信号，以计算和确定基本点火提前角。

进气温度信号反映发动机吸入空气的温度，在计算机控制点火系统中，ECU 利用该信号对基本点火提前角进行修正。

节气门位置传感器将节气门开启角度转换为电信号传送给 ECU，ECU 利用该信号和车速信号来综合判断发动机所处的工况（急速、中等负荷、大负荷、减速），并对点火提前角进行修正。

冷却液温度信号反映发动机工作温度的高低，在计算机控制点火系统中，ECU 除了利用该信号对基本点火提前角进行修正外，还利用该信号控制起动发动机和发动机暖机期间的点火提前角。

各种开关信号用于修正点火提前角，空调开关信号用于急速工况下使用空调时修正点火提前角；起动开关信号用于起动时修正点火提前角。空挡安全开关仅在采用自动变速器的汽车上使用，ECU 利用该开关信号来判断发动机是处于空挡状态还是行驶状态，然后对点火提前角进行必要的修正。

2. 电控单元

现代汽车发动机大多数采用集中控制系统，计算机控制点火系统是其子系统。ECU 不仅是燃油喷射系统的控制核心，也是点火系统的控制核心。在 ECU 的只读存储器 ROM 中，除了存储监控和自检等程序外，还存储由台架试验测定的该型号发动机在各种工况下的最佳点火提前角。随机存储器 RAM 用来存储计算机工作时暂时需要存储的数据，如输入/输出数据、单片机运算得出的结果、故障码和点火提前角修正数据等，这些数据根据需要可随时调用或被新的数据改写。CPU 不断接收上述各种传感器发送来的信号，并按预先编制的程序进行计算和判断，向点火控制器发出接通与切断点火线圈初级绕组电路的控制信号。

3. 点火控制器

点火控制器又称为点火电子组件或点火器，是发动机控制系统的执行器。它根据计算机发出的指令信号，通过内部大功率三极管的导通与截止来控制点火线圈初级绕组电路的通断，使点火线圈产生高压电。点火控制器取代了传统点火系统中断电器的触点，将点火信号发生器输出的点火信号整形、放大，并转换为点火控制信号，控制点火线圈初级绕组电路中电流的通、断，以便于在次级线圈的绕组电路中产生高压电，供火花塞点火。点火控制器的基本电路包括整形电路、开关信号放大电路和功率输出电路等。点火控制器如图 5-5 所示。

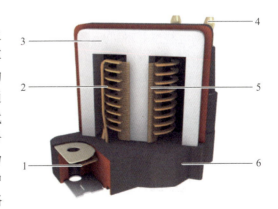

图 5-5 点火控制器
1—低压线插座；2—初级线圈；3—磁铁；
4—高压线接线柱；5—次级线圈；6—壳体

二、点火系统工作原理

点火系统的工作原理如图 5-6 所示，点火控制器内三极管接通，初级绕组电路接通，电流通路为：蓄电池"+"—点火开关—初级绕组—点火控制器内三极管接通—搭铁—蓄电池"-"；初级绕组中有电流通过且电流增长引起磁场变化，在初级绕组中产生自感电动势，由于其方向与电流方向相反，阻碍初级绕组电流增长，使磁场变化率低，在次级绕组中产生互感电动势（大约为 2 000 V）。点火控制器内三极管截止，初级绕组电路被切断，初级电流消失引起磁场变化，在初级绕组中产生自感电动势，由于阻碍初级电流消失，磁场变化率低，在次级绕组中产生互感电动势（大约为 4 000 V）。点火线圈产生高压电，击穿火花塞间隙，点燃混合气。

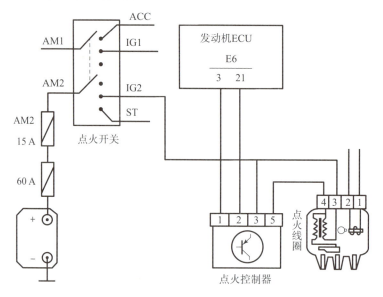

图 5-6 点火系统的工作原理

点火系统的工作过程可分以下三个阶段：

（1）初级绕组电路接通；

（2）初级绕组电路切断；

（3）击穿火花塞间隙，点燃混合气。

计算机控制点火系统根据各种传感器提供的发动机工况信息发出点火控制信号，控制点火时刻，点燃可燃混合气。计算机控制点火系统将点火提前角控制在最佳值，使可燃混合气燃烧后产生的温度和压力达到最大值，从而提高发动机的动力性，同时还能提高燃油经济性和减少有害气体的排放量，它已被广泛应用于各种汽车中。

三、计算机控制非独立点火系统的控制过程

1. 计算机控制非独立点火系统的控制原理

计算机控制非独立点火系统的控制原理如图 5-7 所示，曲轴位置传感器向 ECU 提供

发动机转速信号、曲轴转角信号，转速信号用于计算确定点火提前角，转角信号用于控制点火时刻（点火提前角）。空气流量传感器和节气门位置传感器向 ECU 提供发动机负荷信号，用于计算确定点火提前角。冷却液温度信号、车速信号、进气温度信号、空调开关信号以及爆燃信号等用于修正点火提前角。

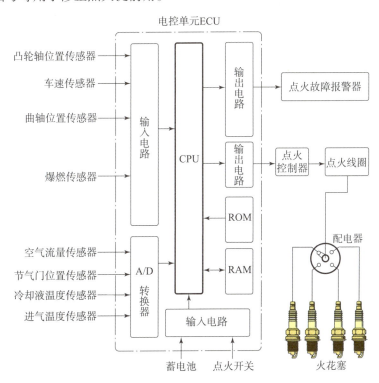

图 5-7 计算机控制非独立点火系统的控制原理

发动机工作时，CPU 通过上述传感器把发动机的工况信息采集到随机存储器 RAM 中，并不断检测凸轮轴位置信号，以判定哪一缸即将到达压缩上止点。接收到信号后，CPU 立即开始对曲轴转角信号进行计算，以便控制点火提前角。与此同时，CPU 根据反映发动机工况的转速信号、负荷信号以及与点火提前角有关的信号，从只读存储器 ROM 中查询出相应工况下的最佳点火提前角。在此期间，CPU 一直在对曲轴转角信号进行计数，以判断点火时刻是否到来。当曲轴转角等于最佳点火提前角时，CPU 立即向点火控制器发出控制指令，使功率三极管截止，点火线圈初级电流切断，次级绕组产生高压，并按发动机点火顺序分配到各缸，火花塞跳火，点燃可燃混合气。

上述控制过程是指发动机在正常状态下点火时刻的控制过程，当发动机处于起动、怠速或滑行工况时，设有专门的控制程序和控制方式控制点火时刻。

2. 点火提前角的确定

汽油发动机的可燃混合气在气缸内燃烧不是瞬间完成的，需要先经诱导期，然后才能进入猛烈的明显燃烧期。因此，为了使发动机发出最大功率，混合气不应在压缩冲程上止点处点火而应适当地提早一些。通常把发动机发出功率最大和油耗最少的点火提前角称为最佳点火提前角，点火提前角的大小直接影响发动机的输出功率、油耗和排放量等。发动机工况不同，需要的最佳点火提前角也不同，怠速时的最佳点火提前角是为了使怠速运转平稳、减少有害气体排放量和减少燃油消耗量；部分负荷时的最佳点火提前角是为了减少燃油消耗量和有害气体排放量，提高经济性和排放性；大负荷时的最佳点火提前角是为了增大输出扭矩，提高动力性能。

计算机控制的点火提前角由发动机起动时的初始点火提前角、起动后的基本点火提前角与修正点火提前角三部分组成。

1) 起动时点火提前角的确定

在发动机起动过程中，进气管绝对压力信号或空气流量信号不稳定，ECU 无法正确计算点火提前角，一般将点火时刻固定在设定的初始点火提前角。

2) 起动后点火提前角的确定

起动后点火提前角由基本点火提前角和修正点火提前角（或修正系数）组成。

（1）基本点火提前角。

发动机设计的最佳基本点火提前角数据存储在发动机 ECU 的存储器中，发动机运行时，ECU 根据各种传感器的输入信号在存储器中查找到发动机在这一工况条件下运转时相应的基本点火提前角。

基本点火提前角根据发动机运行工况可分为怠速时的基本点火提前角和正常运行时的基本点火提前角。

怠速工况时基本点火提前角：ECU 根据节气门位置信号（IDL 信号）、发动机转速信号（Ne 信号）和空调开关信号（A/C 信号）来确定，如图 5 - 8 所示。

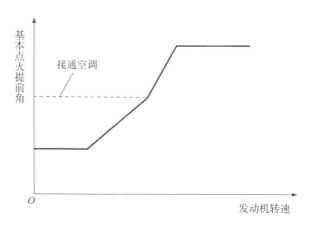

图 5 - 8 怠速工况时基本点火提前角的确定

其他工况下的基本点火提前角：ECU 根据发动机的转速和负荷对照存储器中存储的基本点火提前角控制模型来确定，如图 5 - 9 所示。

（2）修正点火提前角。

①修正冷却液温度。

在暖机过程中，随着冷却液温度的升高，点火提前角应逐渐减小，如图 5 - 10（a）所示；发动机处于部分负荷运行时，点火提前角与冷却液温度的关系如图 5 - 10（c）所示，当冷却液温度过高时，为了避免爆燃，可将点火提前角推迟。当发动机处于怠速工况（如节气门位置传感器怠速触点闭合）、冷却液温度过高时，为避免发动机长时间过热，应将

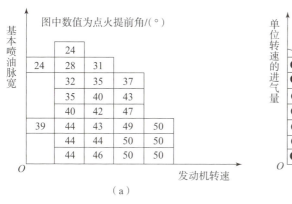
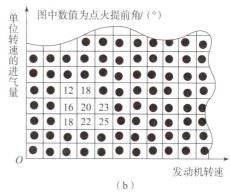

图 5-9 基本点火提前角控制模型
（a）按喷油量和转速确定；（b）按进气量和转速确定

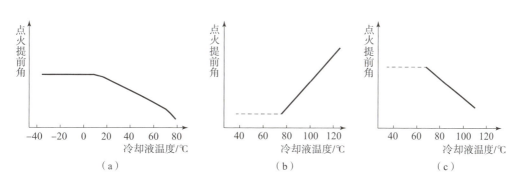

图 5-10 点火提前角与冷却液温度的关系
（a）冷车起动情况；（b）长时间怠速；（c）发动机部分负荷运行

点火提前角增大，以此来提高发动机的怠速转速，从而提高水泵和冷却风扇的转速，增强制冷效果，降低发动机的温度。点火提前角与冷却液温度的关系如图 5-10（b）所示。

②修正怠速稳定性。

怠速运行期间，发动机负荷变化时发动机转速也会发生改变，为使发动机在规定的怠速运转条件下稳定运转，需要对点火提前角进行修正。怠速运转，当平均转速低于或高于规定的怠速转速时，发动机 ECU 根据实际转速与规定的怠速转速差值的大小并结合空调的接通与否相应地增大或减小点火提前角，如图 5-11 所示。

③修正喷油量

在装有氧传感器和闭环控制程序的电子燃油控制系统中，发动机 ECU 根据氧传感器的反馈信号对进气空燃比进行修正。当喷油量减少时，混合气变稀，发动机转速相应降低，为了提高怠速的稳定性，点火提前角应适当增加；反之，点火提前角应适当减小。点火提前角随喷油量变化的关系如图 5-12 所示。

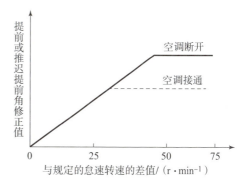

图 5-11 修正怠速稳定性

3. 计算机对通电时间的控制

1) 通电时间控制的必要性

当点火线圈的初级电路被接通后，其初级电流按指数规律增长，通电时间的长短决定了初级电流的大小。当初级电流达到饱和时，若初级电路断开，此瞬间初级电流达到最大值（断开电流），则会使次级电压达到最大值。次级电压的升高会使火花塞点火能力增强，所以在发动机工作时，必须保证点火线圈的初级电路有足够的通电时间。

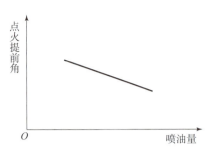

图 5-12 点火提前角随喷油量变化的关系

但如果通电时间过长，点火线圈就会发热，进而增大电能消耗。所以，通电时间过长或过短都会给点火系统带来不利影响，为了保证点火线圈的工作性能，必须对初级电路的通电时间进行控制。

2) 通电时间的控制

在现代电控点火系统中，通过凸轮轴位置传感器与曲轴位置传感器把发动机工作信号输入给ECU，ECU根据存储在内部的闭合角（通电时间）控制模型（见图5-13）可以确定闭合角，从而控制点火线圈初级电路的通电时间。发动机工作时，ECU根据发动机转速信号和电源电压信号确定最佳闭合角，并向点火控制器输出指令信号，以控制点火控制器中三极管的导通时间。随着发动机转速的提高和电源电压的下降，闭合角增长。

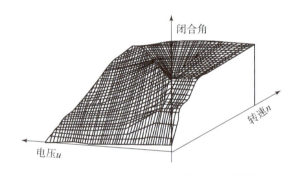

图 5-13 闭合角（通电时间）控制模型

4. 计算机控制非独立点火系统高压电的分配方式

计算机控制非独立点火系统可分为有分电器计算机控制非独立点火系统和无分电器计算机控制非独立点火系统。

1) 有分电器计算机控制非独立点火系统

发动机工作时，ECU根据各传感器的信号确定某缸点火时间，向点火控制器发出指令信号，点火控制器控制点火线圈内初级电路通电或断电。

有分电器计算机控制非独立点火系统的配电方式存在的缺点有：分火头与分电器盖旁的电极之间必须保留一定的间隙才能进行高压电分配，因此必须损失一部分火花能量，同时是一个主要的无线电干扰源。

2) 无分电器计算机控制非独立点火系统

无分电器计算机控制非独立点火系统是指在点火控制器控制下，点火线圈的高压电按照一定的点火顺序直接加到火花塞上的点火方式。常用的无分电器计算机控制非独立点火系统可实现双缸同时点火。

双缸同时点火是指点火线圈每产生一次高压电都使两个气缸的火花塞同时跳火。次级绕组产生的高压电将直接加在两个气缸（四缸发动机的 1、4 缸或 2、3 缸；六缸发动机的 1、6 缸，2、5 缸或 3、4 缸）的火花塞电极上跳火。

双缸同时点火时，一个气缸处于压缩行程末期，是有效点火；另一个气缸处于排气行程末期，缸内温度较高而压力很低，火花塞间隙的击穿电压很低，对有效点火气缸火花塞的击穿电压和火花放电能量影响很小，是无效点火。曲轴旋转一周后，两缸所处行程恰好相反。双缸同时点火时，高压电的分配方式又分为二极管分配高压电式和点火线圈分配高压电式两种。

(1) 二极管分配高压电式。

二极管分配高压电的点火控制方式原理如图 5-14 所示，点火线圈由两个初级绕组和一个次级绕组构成，次级绕组的两端通过四只高压二极管与火花塞构成回路。二极管有内装式（安装在点火线圈内部）和外装式两种。对于点火顺序为 1—3—4—2 的发动机，1、4 缸为一组，2、3 缸为另一组（1 缸、2 缸、3 缸、4 缸所对应的二极管分别是 VD_1、VD_2、VD_3、VD_4）。点火控制器中的两只功率三极管分别控制一个初级绕组，由 ECU 按点火顺序交替控制其导通与截止。

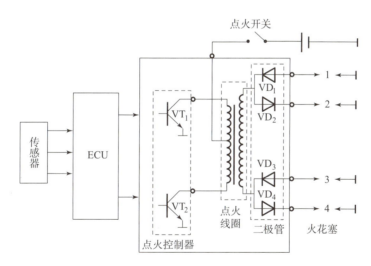

图 5-14 二极管分配高压电的点火控制方式原理

当 ECU 将 1、4 缸的点火触发信号传送给点火控制器时，功率三极管 VT_1 截止，初级绕组中的电流被切断，次级绕组就会产生高压电动势。在该电动势的作用下，二极管 VD_1、VD_4 正向导通，1、4 缸火花塞电极上的电压迅速升高直至跳火，高压放电电流经过图 5-14 中实线箭头所指方向构成回路；二极管 VD_2、VD_3 反向截止，不能构成放电回路，因此 2、3 缸火花塞电极上因无高压火花放电电流而不能跳火。

(2) 点火线圈分配高压电式。

点火线圈分配高压电双缸同时点火方式原理如图 5-15 所示，桑塔纳 2000Gsi、3000 型轿车的点火系统均采用这种配电方式。

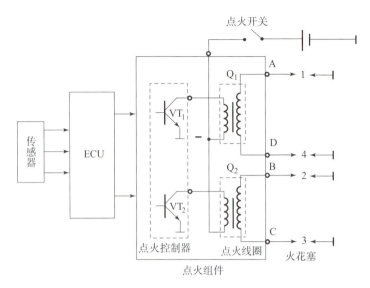

图 5-15　点火线圈分配高压电双缸同时点火方式原理

点火线圈组件由两个（四缸发动机）或三个（六缸发动机）独立的点火线圈组成，每个点火线圈供给成对的两个火花塞工作（四缸发动机的 1、4 缸和 2、3 缸分别共用一个点火线圈；六缸发动机的 1、6 缸，2、5 缸和 3、4 缸分别共用一个点火线圈）。点火控制组件设有与点火线圈数量相等的功率三极管，分别控制一个点火线圈工作。点火控制器根据 ECU 传送的点火控制信号，按点火顺序轮流触发功率三极管导通与截止，从而控制每个点火线圈轮流产生高压电，再通过高压线直接输送到成对的两缸火花塞间隙上跳火，点燃可燃混合气。

无分电器计算机控制非独立点火系统弥补了分电器高压配电的不足。由于点火线圈（或初级绕组）数量增加，故对每一个点火线圈来说，初级绕组允许通电时间增加 2~6 倍。因此，即使发动机高速运转时，初级绕组也有足够充裕的通电时间。换句话说，无分电器计算机控制非独立点火系统具有足够大的点火能量和足够高的次级电压来保证发动机在任何工况都能可靠点火。

四、计算机控制独立点火系统

独立点火方式是指每个气缸分配一个点火线圈，点火线圈安装在火花塞的顶上，取消了高压线，这种点火方式通过凸轮轴传感器或监测气缸压缩来实现精确点火。

1. 计算机控制独立点火系统的优点

1）能量损耗小

在单缸独立点火系统中，每个气缸都有单独的点火线圈，点火线圈产生的高压电直接传给火花塞进行点火，不需要用高压线连接，电能在导线中的损耗可以降到最低，大大提升了性能。

2）工作更加稳定、可靠

在单缸独立点火系统中，一个点火线圈出问题只会影响到它负责的气缸，其他气缸点火不会受到影响。虽然汽车的动力会大大下降，工作也会不太稳定，但可以保证汽车其他功能仍可正常使用。

3）具有一定的抗电子干扰能力

单缸独立点火系统中导线的电流是低压传输，电压产生的电磁干扰极小。

2. 计算机控制独立点火系统的结构及工作原理

当点火系统采用计算机控制独立点火方式时，每个气缸都配有一个点火线圈，并安装在火花塞上方。ECU 设置有与点火线圈相同数目的大功率三极管，分别控制每个线圈次级绕组电流的接通与切断。计算机控制独立点火系统如图 5 – 16 所示。

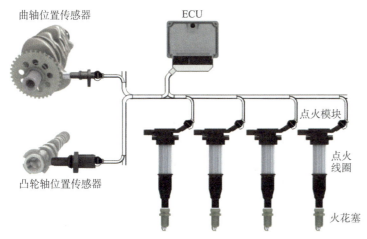

图 5 – 16　计算机控制独立点火系统

扫码观看—单独点火方式点火系统工作原理

在计算机控制独立点火系统中，发动机工作时，ECU 不断检测凸轮轴位置信号、曲轴位置信号和节气门位置信号等，把发动机的工况信息采集到随机存储器 RAM 中，并根据发动机在实际工况中的转速信号、负荷信号以及与点火提前角有关的传感器信号，从只读存储器 ROM 中查询出相应工况下的最佳点火提前角。在此期间，CPU 一直在对曲轴位置信号进行计数，以判断每个缸点火时刻是否到来。当曲轴转角等于最佳点火提前角时，CPU 按发动机点火顺序依次向各缸发出控制指令，使功率三极管截止，点火线圈初级电流切断，次级绕组产生高压，该缸火花塞跳火，从而点燃可燃混合气。下面以迈腾 1.8T 汽车发动机独立点火系统为例来说明点火系统的工作原理。点火模块各端子连线如图 5 – 17 所示。

各端子的具体功用如下。

1 端子：点火控制模块搭铁端；

2 端子：点火线圈搭铁端；

3 端子：点火开关打开时，电源为点火控制器提供的工作电压是 12 V（14 V），同时是点火线圈初级绕组工作电压；

4 端子：ECU 输出给点火控制器控制各缸点火线圈初级绕组电路通断的控制信号。

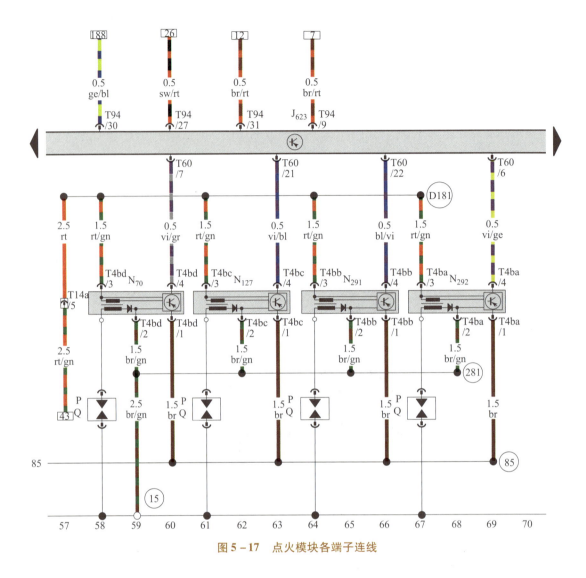

图 5-17 点火模块各端子连线

控制单元 J623 接收来自各传感器的信号及开关信号，分别计算确定各个缸最佳点火提前角和点火时间后，通过各个点火控制器的 4 号端子输出控制信号，接通和断开初级线圈电路，使次级线圈产生感应高压电。例如，当发动机转速 $n = 3\,000$ r/min 时，ECU 计算出的最佳点火提前角为 6°，保证足够点火能量的蓄能时间为 3.3 ms，当 ECU 通过曲轴位置传感器与凸轮轴位置传感器传回的信号计算出将曲轴处于 1 缸压缩上止点前 12°时，ECU 通过控制 4 号端子控制 1 缸点火线圈初级绕组接通，产生磁场，开始蓄能；曲轴继续转过 6°（1°信号为 0.055 ms，0.055 ms×6＝0.33 ms）后，ECU 通过 4 号端子控制 1 缸点火线圈初级绕组断开，磁场迅速消失，次级线圈由于互感效应，通过火花塞发动机壳体形成回路，产生感应高压电，电流通过火花塞间隙产生电火花，点燃 1 缸内压缩的可燃混合气。

项目五 电子控制点火系统原理与检修

1. 课前准备

（1）场地设施：举升机一台，工作台一件；
（2）设备设施：迈腾整车一辆，诊断仪一套，万用表一个；
（3）工量具：常用、专用工具一套；
（4）耗材：手套、纱布等；
（5）学生组织：教师指导、分组实训、过程评价。

2. 注意事项

（1）进入场地穿着干净整洁的工作服；
（2）听从实训指导教师的安排，严格遵守场地安全规定，注意用电安全；
（3）在操作过程中，注意拆装工具的使用，拆下零部件（如点火线圈）要轻拿轻放，避免掉到地上摔坏；
（4）在操作过程中，正确使用万用表和诊断仪。在实验车上，测试端口与 ECU 直接相连，不要将任何电压加在发动机的测试端口上，以免损坏 ECU。

1. 故障原因分析

根据故障现象，初步分析发生故障的原因为点火系统故障、燃油供给系统故障、进排气系统故障、ECU 自身故障、机械故障。

迈腾为独立点火系统，独立点火系统由于其自身特点，对各零部件的检测维修操作相对不简便，可以通过专用诊断仪对车辆进行自诊断检测，调取故障码或波形，检测点火系统是否正常。

扫码观看—检查点火系统

2. 故障诊断与排除过程

1) 诊断仪检测点火系统数据流

目前市面上诊断仪种类繁多，在本任务里，我们以 V. A. S5052A 大众专用诊断仪为例进行说明。

（1）连接诊断仪接口，进入主界面；
（2）选择车辆系统；
（3）选择诊断功能；
（4）读取故障码；
（5）弹出故障码；
（6）读取数据块，如图 5-18 所示。

2) 示波器检测点火波形

在不解体的情况下，发动机点火系统的检测诊断主要分为点火波形的检测与分析和点

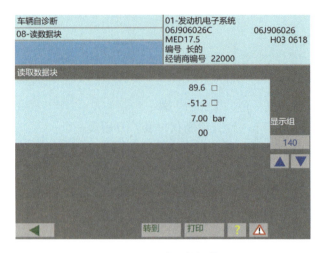

图 5-18 读取数据块

火正时的检测两个方面。下面向大家介绍一下点火波形的知识。

波形分析指把汽车发动机点火系统实际点火波形与标准波形进行比较，以判断点火系统发生故障的原因。

目前市场上有多种示波器，我们用 V.A.S 6356 大众专用设备调取点火系统波形。

（1）连接线路，进入主界面；

（2）选择"测试仪器"；

（3）功能切换，Go to（转到）—Multimeter（万用表）或 DSO，如图 5-19 所示。

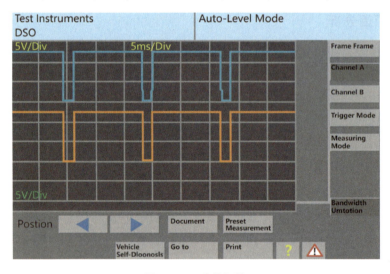

图 5-19 功能切换

3）点火波形分析

（1）标准波形。

点火系统的二次点火波形的闭合段后部电压略有上升，有的波形在闭合段中间也有一个微小的电压波动，这反映了点火控制器（电子模块）中限流电路的作用。另外，点火波形闭合段的长度随转速变化而变化。初级点火波形如图 5-20 所示。

（2）波形分析。

如果示波器测得故障反映区的波形与标准波形有差异，则说明点火系统有故障。点火系统故障在波形（以次级波形为例）上有四个主要反映区，如图 5-21 所示。

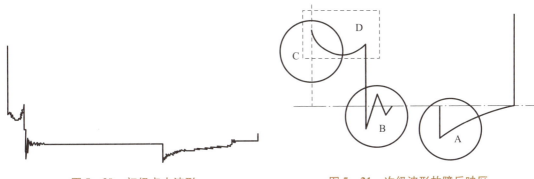

图 5-20　初级点火波形　　　　　图 5-21　次级波形故障反映区

C 区域为点火区：当一次电路切断时，点火线圈一次绕组内电流迅速降低，所产生的磁场强度迅速衰弱，在二次绕组中产生高压电（15 000～20 000 V），火花塞间隙被击穿，击穿电压一般为 4 000～8 000 V。火花塞间隙被击穿放电后，二次点火电压随之下降。

D 区域为燃烧区：当火花塞间隙被击穿后，电极间形成电弧，使混合气点燃。火花放电过程一般持续 0.6～1.5 ms，在二次点火电压波形上形成火花线。

B 区域为振荡区：在火花塞放电终了，点火线圈中的能量不能维持火花放电时，残余能量以阻尼振荡的形式消耗殆尽。此时，点火电压波形出现具有可视脉冲的低频振荡。

A 区域为闭合区：一次电路再次闭合后，二次电路感应出 1 500～2 000 V 且与蓄电池电压方向相反的感生电压，在点火波形上出现迅速下降的垂直线，然后上升线过渡为水平线。

3. 故障排除小结

对车辆进行检测维修时，须充分利用维修设备和资料。利用解码器和示波器的功能进行发动机故障码、数据流的读取和波形分析，结合维修手册中的"故障码列表和标准数据流"进行发动机控制系统的检修和故障排除。

任务小结

（1）现代的点火提前装置已改由发动机 ECU 控制，ECU 收集发动机转速信号、进气歧管压力信号或空气流量信号、节气门位置信号、蓄电池电压信号、水温信号和爆燃信号等，计算出最佳点火正时提前角度，再发出点火信号，以达到控制点火正时的目的。

（2）点火系统应在发动机各种工况和使用条件下都能保证可靠而准确地点火。因此点火系统应满足以下基本要求：有能产生足以击穿火花塞间隙的电压；火花应具有足够的能量；点火时刻应适应发动机的工作情况。

（3）计算机控制点火系统主要由凸轮轴位置传感器、曲轴位置传感器、空气流量传感器、节气门位置传感器、冷却液温度传感器、进气温度传感器、车速传感器、爆燃传感

器、各种控制开关、电控单元、点火控制模块、点火线圈以及火花塞等部件组成。

（4）计算机控制点火系统的控制过程。曲轴位置传感器向 ECU 提供发动机转速信号、曲轴转角信号，转速信号用于计算确定点火提前角，转角信号用于控制点火时刻（点火提前角）。空气流量传感器和节气门位置传感器向 ECU 提供发动机负荷信号，用于计算确定点火提前角。冷却液温度信号、车速信号、进气温度信号、空调开关信号以及爆燃信号等用于修正点火提前角。

（5）点火系统采用单独点火方式时，每个气缸都配有一个点火线圈，并安装在火花塞上方。ECU 设置有与点火线圈数目相同的大功率三极管，分别控制每个线圈次级绕组电流的接通与切断。

（6）独立点火系统由于其自身特点，对各零部件的检测维修操作相对不简便，可以通过专用诊断仪对车辆进行自诊断检测，调取故障码或波形，检测点火系统是否正常。

任务 2　爆燃传感器检修

任务描述

一辆 2014 款新速腾 1.6L 轿车，装备 CLR 发动机，行驶里程仅 1 213 km。客户李先生反映该车出现行驶加速无力，最高只有 80 km/h，转速 3 000 r/min 不升挡的故障现象。

在发动机机械系统正常的情况下，发动机加速无力，一般故障出现在发动机电控系统的传感器、ECU 或执行器。当爆燃传感器出现故障时，可能会出现发动机加速无力和排放超标等故障现象。若判断故障发生在爆燃传感器，则需要对爆燃传感器进行检修。

学习目标

1. 知识目标

（1）了解爆燃传感器的功用；
（2）知道爆燃传感器的类型；
（3）掌握爆燃传感器的组成结构、工作原理及信号特性。

2. 能力目标

（1）能在实车上找到爆燃传感器的安装位置；
（2）能运用检测和诊断设备进行爆燃传感器的检测与诊断；
（3）能参照维修手册进行爆燃传感器的更换。

3. 素质目标

（1）能够熟练使用维修手册等资料查询爆燃传感器检修知识；
（2）能够按照企业 7S 要求和安全生产规范进行爆燃传感器的检修操作；
（3）能够与同学协调分工，密切合作，完成学习活动；
（4）能够自主学习爆燃传感器的相关知识。

建议学时：4 学时

知识准备

发动机在工作时受点火时间提前过度（点火提前角）、发动机负荷、温度及燃料的质量等影响，会引起发动机爆燃。发生爆燃时，由于气体在活塞运动到上止点之前燃烧，轻者会产生噪声及降低发动机功率，重者会损坏发动机的机械部件。为了防止爆燃的产生，爆燃传感器是车辆不可缺少的部件，以便于通过电控系统来调整点火提前时间。

一、发动机爆燃传感器结构与原理

1. 发动机爆燃传感器分类

检测发动机爆燃的方法有三种：一是检测发动机燃烧室的压力变化；二是检测发动机缸体的振动频率；三是检测混合气燃烧的噪声。通过直接检测燃烧室的压力变化来检测发动机振动的方法测量精度高，但传感器的安装复杂且耐久性差，一般用于测量仪器。测量混合气燃烧噪声的方法为非接触式检测，其耐久性好但测量精度与灵敏度较低，实际应用很少。实际应用的压力检测传感器均为间接测量式，这种传感器通过检测发动机缸体的振动频率来检测爆燃，其优点是测量灵敏度高、传感器安装方便且输出电压变化大，因此现代汽车工业广泛采用这种检测方法。

爆燃传感器有磁致伸缩式和半导体压电式两种，其中半导体压电式又有共振型和非共振型之分，如图 5 - 22 所示。

扫码观看—爆燃传感器功用

扫码观看—爆燃传感器工作原理

(a)　　　(b)　　　(c)

图 5 - 22　爆燃传感器类型

(a) 非共振型压电式爆燃传感器；(b) 共振型压电式爆燃传感器；(c) 磁致伸缩式爆燃传感器

2. 非共振型压电式爆燃传感器的结构组成与工作原理

非共振型压电式爆燃传感器以接收加速度信号的形式来判别爆燃是否产生。非共振型压电式爆燃传感器结构如图 5-23 所示。

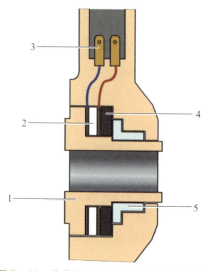

图 5-23　非共振型压电式爆燃传感器结构

1—基座；2—压电陶瓷；3—连接器针脚；4—振动板；5—压板

扫码观看—非共振型压电式爆燃传感器的工作原理

非共振型压电式爆燃传感器内部的两个压电元件同极性相向对接，使用的配重块通过一根螺丝固定在壳体上，它将加速度变换成作用于压电元件上的压力，输出电压由两个压电元件的中央输出。这种传感器构造简单，制造时无须调整。

发动机振动时，安装在发动机缸体上的爆燃传感器的内部配重块因受振动影响而产生加速度，因此，压电元件就会受到加速时惯性力的作用而产生电压信号。这种传感器不像磁致伸缩式爆燃传感器那样在爆燃频率附近产生一个较高的输出电压，用于判断爆燃的产生，而是具有平稳的输出特性。非共振型压电式爆燃传感器输出电压与频率的关系如图 5-24 所示。因此，必须将反映发动机振动频率的输出电压信号传送至识别爆燃的滤波器中，以判断是否有爆燃信号产生。这种传感器的感测频率范围设计成零至数十千赫兹，可检测具有很宽频带的发动机振动频率。

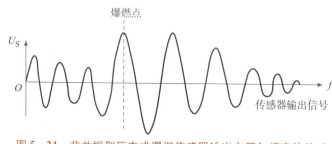

图 5-24　非共振型压电式爆燃传感器输出电压与频率的关系

3. 共振型压电式爆燃传感器的结构组成与工作原理

共振型压电式爆燃传感器利用产生爆燃时发动机的振动频率与传感器本身的固有频率

相符合而产生共振现象,用于检测爆燃是否发生。该传感器在爆燃时的输出电压比无爆燃时的输出电压高得多,因此无须使用滤波器即可判断有无爆燃产生。共振型压电式爆燃传感器的结构如图 5-25(a)所示,压电元件紧密地贴合在振荡片上,振荡片则固定在传感器的基座上,振荡片随发动机振动而振动,并且波及压电元件,使其变形而产生电压信号。当发动机爆燃时的振动频率与振荡片的固有频率相符合时,振荡片产生共振,此时压电元件将产生最大的电压信号,如图 5-25(b)所示。

扫码观看—共振型压电式爆燃传感器工作原理

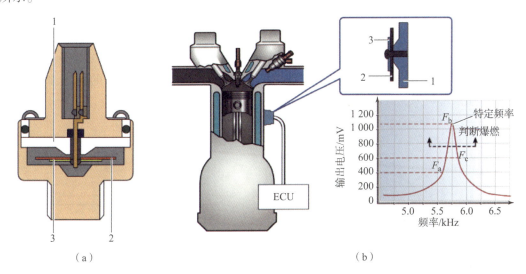

（a）　　　　　　　　　　　　　　　　　　　　（b）

图 5-25　共振型压电式爆燃传感器

(a) 共振型压电式爆燃传感器的结构；(b) 共振型压电式爆燃传感器的工作原理

1—基座；2—振荡片；3—压电元件

4. 磁致伸缩式爆燃传感器的结构组成与工作原理

磁致伸缩式爆燃传感器安装在发动机上,将发动机振动频率转换成电压信号,然后输送给 ECU,以检测发动机爆燃的强度。当发动机的爆燃强度与设定值相同时,爆燃传感器输出最大的电压信号,以表示发动机由于爆燃而产生使机体异常的振动频率。磁致伸缩式爆燃传感器结构如图 5-26 所示,其内部有永久磁铁、靠永久磁铁激磁的强磁性铁芯以及铁芯周围的绕组。磁致伸缩式爆燃传感器的工作原理是当发动机的气缸体出现振动时,该传感器在频率为 7 kHz 左右时与发动机产生共振,强磁性铁芯的磁导率发生变化,致使永久磁铁穿心的磁通密度也发生变化,从而在铁芯周围的绕组中产生感应电动势,并将这一电信号输入 ECU。

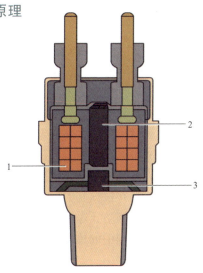

图 5-26　磁致伸缩式爆燃传感器结构

1—感应线圈；2—伸缩杆；3—磁铁

二、爆燃控制过程

火花塞跳火点燃混合气后，如果火焰在传播途中压力升高异常，一些部位的混合气在火焰未传到时自己就会着火燃烧，造成瞬时爆发燃烧，这种现象称为爆燃。爆燃的危害有两种：一是噪声大；二是发动机很可能损坏，特别是在大负荷条件下，这种可能性很大。

为了消除爆燃，通常可以采用抗爆性能好的燃料、改进燃烧室结构、加强冷却液循环、推迟点火时间等方法，特别是推迟点火时间对消除爆燃有明显的作用。

点火提前角越大，越容易产生爆燃。试验证明，发动机发出最大扭矩的点火时刻在发动机即将产生爆燃的点火时刻附近。

在通常情况下，爆燃传感器安装在发动机的缸体上，根据发动机产生的各种不同振荡频率的振动而产生不同的电压信号。当发动机发生爆燃时，爆燃传感器的感应性能最好，产生的电压信号最大，其输出电压特性如图 5 - 27（a）所示。

爆燃强度以超过基准值的次数计量，次数越多，爆燃强度越大；次数越少，爆燃强度越小，如图 5 - 27（b）所示。

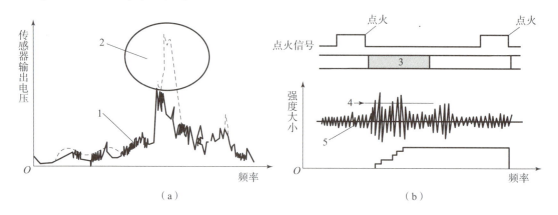

图 5 - 27　爆燃信号的确定
（a）爆燃传感器输出电压特性；（b）爆燃传感器信号强度

爆燃传感器的爆燃识别电路如图 5 - 28 所示，发动机 ECU 接收到爆燃信号后，经过滤波电路滤波将爆燃信号与其他振动信号分离，只允许特定频率范围内的爆燃信号通过滤波电路，再经峰值检测、比较基准能量级计算使输入信号的最大值与爆燃强度基准值进行比较，比较后由判断电路判定是否产生爆燃并将判定后的信号传给微处理器，微处理器通过相应地减小点火提前角来消除爆燃。

在点火系统中，爆燃传感器将信号传送给 ECU，ECU 经过分析，判定有无发生爆燃及爆燃的强度，并根据其判定结果对点火提前角进行反馈控制，使发动机在处于爆燃的边缘工作，这样既能防止爆燃，又能有效地提高发动机的动力性和经济性。爆燃控制实际上是点火提前角控制中的追加功能，爆燃控制过程如图 5 - 29 所示。

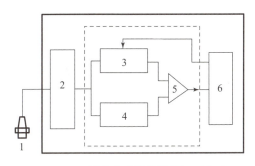

图 5 - 28　爆燃传感器的爆燃识别电路
1—火花塞；2—滤波电路；3—峰值检测电路；
4—与基准值比较电路；5—爆燃判断电路；6—微处理器

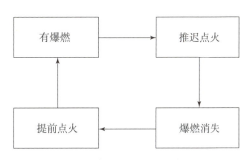

图 5 - 29　爆燃控制过程

  操作指引

1. 课前准备

（1）场地设施：举升机一台，装有废气抽排系统和消防设施的场地；
（2）设备设施：迈腾轿车；
（3）工量具：常用工具（一套）、车辆故障诊断仪、示波器、万用表等；
（4）耗材：保险丝、线束、爆燃传感器等；
（5）学生组织：教师指导、分组实训、过程评价。

2. 注意事项

（1）穿着干净整洁的工作服；
（2）遵守场地安全规定，注意用电安全；
（3）插拔车辆故障诊断仪时一定要关闭点火开关；
（4）正确使用万用表、示波器等工量具；
（5）在检测爆燃传感器时，严禁用力拉扯线束。

 **任务实施**

1. 故障原因分析

客户李先生反映一辆装备 CLR 发动机的 2014 款新速腾 1.6L 轿车，出现行驶加速无力、最高只有 80 km/h、转速 3 000 r/min 不升挡的故障现象。引起此故障的因素有多个，可能是进气系统故障、燃油供给系统故障、点火系统故障或发动机电控系统故障等。现在需要使用诊断仪器、设备和工具做进一步检测。

迈腾 1.8T CLA 发动机爆燃传感器的安装位置和电路如图 5 - 30、图 5 - 31 所示。

扫码观看—爆燃
传感器检测

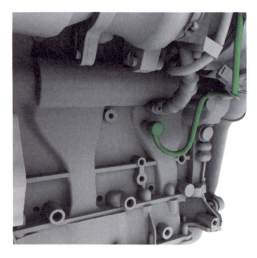

图 5-30 迈腾 1.8T CLA 发动机爆燃
传感器的安装位置

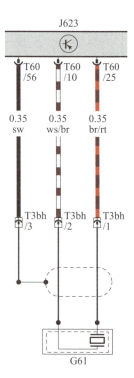

图 5-31 迈腾 1.8T CLA 发动机
爆燃传感器的电路

2. 故障诊断与排除过程

1）读取故障码

用诊断仪 V.A.S6150 读取故障码，发动机 ECU 内存有 "00807 P0327 002（爆燃传感器 1-G61 信号太小 静态）" 故障码，其余均正常，如图 5-32 所示。

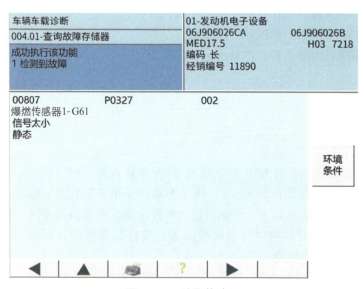

图 5-32 读取故障码

2）读取数据流

读取发动机怠速数据未发现异常，外出试车发现车辆动力不足，转速在 3 000 r/min 时才升挡，加速踏板踩到底只能升到 5 挡 80 码，读取 01 发动机 14、15、16 组数据并未发现有失火现象。根据故障码分析造成这种故障现象的原因如下：

（1）燃油品质差；

（2）点火提前正时故障；

（3）爆燃传感器故障；

（4）线路故障；

（5）发动机电脑板故障等。

3）**检查爆燃传感器插头、线束及发动机 ECU**

（1）爆燃传感器电阻的检测。

将点火开关置于"OFF"位置，拔下爆燃传感器导线接头，用万用表的欧姆挡检测爆燃传感器的接线端子与外壳间的电阻，应为 ∞（不导通）；若为 0 Ω（导通），则须更换爆燃传感器。两个端子接地，用万用表的欧姆挡测量传感器两端子之间的电阻，若导通，说明传感器已经损坏，必须更换。

磁致伸缩式爆燃传感器还可用万用表的欧姆挡检测线圈的电阻，其阻值应符合规定（具体数据见具体车型维修手册），否则更换爆燃传感器。

（2）爆燃传感器波形的检测。

爆燃传感器是否正常，应该用示波器检测发动机工作时爆燃传感器的输出电压波形。如果有不规则的振动波形出现，并且该波形随发动机爆燃情况的变化而有明显的变化，则说明爆燃传感器工作正常。如果没有波形输出或输出波形不随发动机工作情况变化而变化，则说明爆燃传感器有故障，应该更换。

（3）爆燃传感器输出信号的检测。

如图 5-31 所示，在爆燃传感器的连接电路中，端子 1 为信号线正极，端子 2 为信号线负极，端子 3 为屏蔽线。拔下爆燃传感器的连接插头，在发动机怠速时用万用表的电压挡检查爆燃传感器的接线端子与搭铁之间的电压，应有脉冲电压输出，如果没有，则应更换爆燃传感器。

（4）排除故障。

经检查，爆燃传感器插头、线束及发动机 ECU、燃油品质等均正常。

换挡时发动机转速升到 3 000 r/min 是发动机 ECU 进行了扭矩控制；提速换挡时通过提升转速来保证足够的动力输出，怠速读取点火提前角数据和爆燃传感器数据未发现异常。复制故障码并清除后试车，发现车辆恢复正常，车辆行驶时升挡正常，换挡时发动机转速在 2 000 r/min 左右，但行驶到桥面时又突然报此故障。此时读取发动机数据流发现爆燃传感器数据为 18 kW，正常车辆爆燃调节范围在 0~12.75 kW，发动机 ECU 监测到爆燃异常会通过延迟点火来控制，导致动力不足。在多次试验中，车辆在急加速或上陡坡时爆燃传感器数据就会异常，报以上故障。

在检查爆燃传感器时发现传感器安装螺丝比较松，按维修手册重新安装爆燃传感器，拧紧力矩为 20 N·m，清除故障后反复急加速大负荷试车未发现问题，可以判断就是爆燃传感器的问题。为了验证故障原因，恢复爆燃传感器原安装力矩试车，故障再现，最后判定为爆燃传感器安装时未按标准扭矩安装造成车辆故障。后续跟踪回访至今车辆未出现问题。

3. 故障排除小结

爆燃传感器本身在实际中很少发生故障,发生故障时多为爆燃传感器拧紧力矩不对,标准力矩为 20 N·m。如果发动机爆燃传感器固定力矩过大,可能使它过于灵敏,减小了点火提前角,造成发动机反应迟钝、排气温度过高和油耗增大;而如果发动机爆燃传感器固定力矩过小,传感器灵敏度下降,此时发动机容易产生爆燃,从而使发动机温度过高、NO_x 化合物的排放量超标。进行故障检测和诊断时,不要盲目更换零部件,要学会使用车辆故障诊断仪,通过分析和检测故障原因最终确定故障点,并按照维修手册的要求修复故障。

(1)爆燃传感器通过检测发动机的振动强度来判断发动机有无爆燃,ECU 根据爆燃传感器的信号控制点火提前角的调整,实现点火系统的闭环控制。

(2)爆燃传感器出现问题可能会造成发动机的动力性下降、提速慢、温度过热等故障现象,影响发动机动力输出和增加燃油消耗,使排放恶化。

(3)爆燃传感器检修项目包括爆燃传感器波形分析、检测爆燃传感器线路、检测爆燃传感器阻值及更换爆燃传感器等。

项目六 发动机综合故障诊断与排除

项目描述

一、发动机系统复合故障诊断流程

1. 发动机故障诊断基本原则

1) 先外后内

在发动机出现故障时,先对发动机外部元件进行检查,这样可以避免本来是外部一个简单的问题,却对发动机内部元件进行复杂且费时费力的检查,即真正的故障可能是较容易检查到却未能找到的。

2) 先简后繁

能用简单方法检查的可能故障部位先予以检查。例如,直观检查最为简单,可以用看、听、摸、闻等直观检查方法将一些较为显露的故障迅速查找出来。当直观检查未查出故障,须借用仪器、仪表或其他专业工具进行诊断时,也应对较容易检查的先予以检查。

3) 先思后行

对发动机的故障现象先进行故障分析,了解可能的故障原因,然后进行故障检查。这样既可以避免检查的盲目性,即不会对与故障现象无关的部位做无效的检查,又可以避免漏检有关部位而不能迅速排除故障。

2. 发动机故障诊断方法

常用的发动机故障诊断方法有直观诊断、随车故障自诊断系统诊断、简单仪表诊断、专用诊断仪器诊断、备件替代诊断和故障征兆模拟诊断等。

1) 直观诊断

发动机故障的直观诊断也称人工诊断或经验诊断，其方法就是在对发动机故障进行诊断的过程中了解和掌握故障现象的特点，通过问、看、听、摸、闻、试、比、测、想、诊等对故障现象进行深入分析与准确判断，从而找出故障部位的诊断方法。

（1）问：接到故障车后，首先要向驾驶员详细询问车辆的行驶里程、行驶状况、行驶条件、维修情况、故障特点及表现、故障起因等情况，初步掌握故障的情况。有经验的维修人员在平时故障诊断经验积累的基础上，对某些常见的故障或某种车型的普遍故障通过"问"即可准确地判断出来。

（2）看：主要是通过眼睛对整车或相关部位进行观察，发现汽车较明显的异常现象，如有无漏油、漏水和漏气现象，发动机排气烟色是否正常，液体流动是否正常，各部件运动是否正常，连接机件有无松脱、裂纹、变形及断裂，相关部位有无刮蹭痕迹等。

（3）听：一般是在发动机工作时听有无敲缸、皮带打滑、机械撞击、异常摩擦、排气管放炮等杂声及异响。发动机各总成和各系统在正常工作时发出的声音一般是有一定规律的，通过仔细辨别能大致判断出声音是否正常，根据异响特征甚至可直接判断出故障部位及原因。

（4）摸：用手触摸各接头处、插接口处、电器插头、固定螺栓（钉）等，检查其是否有松脱现象；各总成部件的温度升高有无异常、空调出风口的温度是否够凉或够热等；用手摸导线接头检查其是否牢固，检查有无发热现象（可以判断有无虚接或接触不良）。

（5）闻：有些故障出现后会产生比较特殊的气味，据此可较准确地判断故障部位，如发动机烧机油时，会产生烧油味；混合气过浓时，排气中有生油味；皮带打滑后，会产生烧焦味；导线过热则会发出胶皮味；橡胶及塑料件过热时，会发出橡胶味及塑料味等。

（6）试：通过对汽车及总成进行不同工况的模拟试验，再现并确认故障现象，以进一步判断故障部位及原因。

（7）比：根据经验将故障车的种种表现与完好车进行对比，用同一型号的正常汽车与故障车进行比较，或者用正常总成或零部件替换怀疑有故障的总成或零部件，比较更换前后的差异，以此判断故障所在。

（8）测：对于现象不明显的复杂故障，使用以上方法一般很难判断故障部位，此时需要借助简单的量具或仪器进行测试，如用量具测量磨损尺寸，用万用表测电阻、电压或电流等，通过这些简单的测量操作初步判断故障部位及原因。

（9）想：对已确定的故障现象，结合故障部位零部件的工作原理和工作条件等，进行综合分析，由浅入深、由表及里、去伪存真，根据不同故障的特点和规律进行认真鉴别，找出准确的故障原因并得出结论。

（10）诊：对于复杂故障，单靠经验或简单诊断很难判断故障部位，此时必须借助一定的仪器设备，按照一定的方法步骤，对故障进行全面细致的检查和分析，通常使用故障树进行诊断。

直观诊断方法要求进行故障诊断操作的人员必须首先掌握被诊断系统的结构和工作原理，对其可能产生故障的现象和原因有一定的了解，并能掌握关键零部件的检查方法及出现的可能故障。直观诊断方法由于受诊断者的经验和对被诊断车辆熟悉程度的限制，诊断结果差别较大。经验丰富的诊断者可以利用直观诊断方法诊断出汽车及各总成可能出现的绝大多数故障。在诊断无故障码故障或用检测设备难以诊断的疑难故障方面，直观诊断法具有其他诊断法无可比拟的优点。

2) 随车故障自诊断系统诊断

随车故障自诊断系统诊断是利用汽车电控系统所提供的故障自诊断系统对故障进行诊断的方法。它利用故障自诊断系统调取汽车电控系统的相关故障码，然后根据故障码对应出的故障名称及内容指导维修人员找出故障部位。

在一般情况下，随车自诊断系统通常只提供与电控系统有关的电气装置或线路故障码，且只能做出初步诊断，具体的故障原因还需要通过直观诊断或借助简单仪器甚至专用随车故障自诊断系统进行深入诊断。

随车故障自诊断系统诊断在汽车电控系统故障诊断中是一种简便快捷的诊断方法，但是其诊断范围和深度远远不能满足实际使用中对故障诊断的要求，常常出现汽车有故障症状而随车故障自诊断系统无故障显示的情况。因此，随车故障自诊断系统并不是万能的，绝对不能有了它就摒弃其他诊断方法，汽车故障的最终排除还是要靠人的聪明才智及逻辑思维来完成。

3) 简单仪表诊断

所谓简单仪表诊断，是指利用万用表、示波器和气缸压力表等常用仪表对汽车故障进行诊断的方法。汽车电控系统各零部件均有一定的标准电参数值，各零部件的电阻阻值都有一定的范围，工作时输出的电压信号也有一定的范围，且在利用简单仪表诊断时具有特定的输出波形。因此可用万用表测量元件的电阻或输出电压、用示波器测试元件工作时的输出电压波形、用万用表测量元件的导通性等方法来判断元器件或线路是否工作正常。

简单仪表诊断的优点是：诊断方法简单、设备费用低廉，主要对电控系统和电气装置的故障进行深入诊断；其缺点是：对操作者的要求较高，在利用简单仪表诊断时，操作者必须对系统的结构和线路的连接情况及元器件的技术参数有相当详细的了解，才能取得较好的诊断效果。否则，非但不能诊断出故障，还有可能造成电控系统零部件损坏。

4) 专用诊断仪器诊断

随着汽车电子化进程的不断发展，各种汽车故障专用诊断仪器在汽车维修业中得到了越来越广泛的使用。常用的汽车专用诊断仪器主要有汽车专用万用表、汽车专用示波器、无负荷测功仪、四轮定位仪和汽车故障解码器等。使用专用诊断仪器可以大大提高汽车故障诊断效率。

本项目主要学习任务

发动机不能起动故障诊断
发动机怠速不稳故障诊断
发动机加速不良故障诊断

任务1　发动机不能起动故障诊断

任务描述

如图 6-1 所示，一辆 2009 款迈腾，行驶里程 8.2 万 km，客户李先生反映车辆停放一个晚上后，早晨不能起动，以前车辆基本正常，没有发生过类似故障，而且车辆按时在维修站进行保养，之前没出现过其他故障，也没有进行过其他维修。

引起上述故障的主要原因可能有发动机点火系统故障、发动机燃油供给系统故障或发动机起动系统故障等，需要对发动机各系统进行检查，确定故障后，进行维修或部件更换并将发动机进行装复。

图 6-1　汽车不能起动

学习目标

1. 知识目标

（1）知道发动机起动需要的基本条件；
（2）掌握发动机不能起动的可能原因。

2. 能力目标

（1）能进行发动机各系统的故障检测与分析；
（2）能制定发动机无法起动的故障诊断方案。

项目六 发动机综合故障诊断与排除

3. 素质目标

（1）能够进行发动机不能起动的基本故障诊断；
（2）能够按照企业 7S 要求和安全生产规范进行发动机不能起动故障诊断操作；
（3）能与同学协调分工、沟通交流、密切合作，完成学习活动；
（4）能够自主学习发动机不能起动相关知识。

建议学时：4 学时

一、故障原因分析

车辆无法起动涉及多方面的原因，如起动系统故障、点火系统故障、燃油供给系统故障、机械系统故障和电控系统故障等。

1. 燃油量不足

发动机燃油量不足导致油路无法建立正常的油压。

2. 发动机起动系统故障

（1）蓄电池电量不足导致起动机运转无力。
（2）蓄电池接线柱接触不良、起动机接线柱接触不良或断路。
（3）起动继电器、起动保险、点火开关、起动机等部件故障，或者它们之间的线路断路或接触不良。

特别注意：如果自动挡车辆起动时起动机不转动，则需要查看变速杆是否在 P 挡或 N 挡（可观察仪表台的挡位指示灯）。

3. 防盗系统故障

（1）点火钥匙失效。
（2）防盗电控单元或防盗模块故障。
（3）识读线圈故障（不同车型名称不同）。
（4）防盗系统线路故障。

4. 点火系统故障

（1）火花塞故障，导致火花塞不能点火或火弱，使发动机混合气无法正常燃烧。
（2）高压线故障，导致火花塞跳火电压过低或无电压。
（3）点火线圈故障，导致不能产生高压电。
（4）分电器故障，导致高压电不能分配到各缸火花塞。

173

(5) 电控单元或点火模块及其线路故障，导致点火系统不能工作。

5. 燃油供给系统故障

（1）喷油器故障。喷油器堵塞、喷油器线路故障、喷油器损坏导致喷油量过小或不能喷油。

（2）油泵故障。油泵工作不良或损坏、油泵线路故障导致油路油压低或无油压。

（3）油路油压过低。油泵进油滤网堵塞、油泵工作不良、油泵线路接触不良、汽油滤清器堵塞导致油路油压过低。

（4）油路油压过高。油压调节器故障导致油压过高、混合气过浓，混合气无法正常燃烧。

6. 点火正时错误

正时皮带过松、正时标记未对正等导致发动机正时偏差过大。

7. 曲轴位置传感器故障

曲轴位置传感器故障、线路故障，信号齿损坏或信号齿与传感器的距离变大导致信号过弱。

8. 怠速控制系统故障

怠速控制阀卡滞不能打开、节气门体过脏导致进气量严重不足。

9. 发动机机械系统故障

气缸磨损过大、进排气门关闭不严导致气缸压力严重不足。

10. 电控单元或线路故障

电控单元内部故障、电控单元供电线路或搭铁线路存在故障导致发动机无法正常工作。

11. 燃油品质变差

燃油品质变差导致发动机内混合气不能正常燃烧。

12. 传感器故障

发动机曲轴位置传感器故障，或者其他多个传感器不能工作或工作不良导致发动机无法正常工作。

二、故障诊断

发动机不能起动故障诊断流程如图6-2所示。

项目六 发动机综合故障诊断与排除

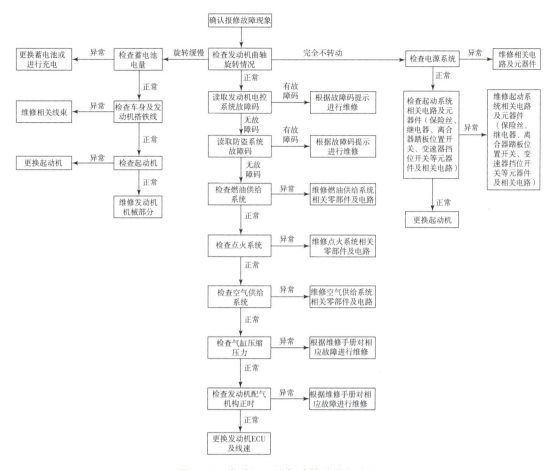

图 6-2 发动机不能起动故障诊断流程

 操作指引

1. 课前准备

（1）场地设施：举升机一台，装有废气抽排系统和消防设施的场地；
（2）设备设施：整车；
（3）工量具：常用工具（一套）、车辆故障诊断仪、示波器、万用表等；
（4）耗材：保险丝、线束等；
（5）学生组织：教师指导、分组实训、过程评价。

2. 注意事项

（1）在实训场地穿着干净整洁的工作服；
（2）听从实训指导教师的安排，严格遵守场地安全规定，注意用电安全；
（3）在操作过程中，注意拆装工具及万用表、车辆故障诊断仪等设备的使用，拆下的零部件要轻拿轻放，避免磕碰和损坏；
（4）在检测电气与电子元件的线路时，严禁用力拉扯线束；

(5) 检测电气与电子元件须断开部件插头时,应提前关闭点火开关。

1. 故障原因分析

发动机不能正常起动,原因可能有点火系统故障、燃油供给系统故障、发动机机械系统故障、发动机控制系统故障和排气系统故障等。

2. 故障诊断与排除过程

1) 观察仪表,排除相关故障

(1) 若显示油量不足,则应先添加燃油。

(2) 若防盗报警灯几秒钟后不熄灭,而是闪烁或常亮,则初步判断防盗系统可能存在故障。

特别提示:有些车型如桑塔纳2000,在防盗系统发生故障时发动机能正常起动,只是起动后几秒钟会自动熄火。

(3) 若发动机故障报警灯几秒钟后不熄灭,而是常亮,说明发动机ECU中已存有故障信息。

(4) 若发动机故障报警灯不亮,则很可能是发动机ECU的供电、搭铁线路存在故障,也有可能是ECU故障。

2) 打起动机,观察起动机运转情况

(1) 若起动机运转无力,则检测起动系统,蓄电池可能亏电、起动线路可能存在故障、起动机可能存在故障。

(2) 若起动机运转正常,则进行其他检测。

特别注意:在打起动机时,注意观察发动机转速表是否摆动。若发动机转速表表针不动,则很可能是发动机转速传感器发生故障。遇此情况应重点检测发动机转速传感器(曲轴位置传感器)。

3) 利用车辆故障诊断仪读取故障码,查看数据流

注意:若车辆故障诊断仪无法与发动机ECU进行通信,而能够进入其他电控系统,如防抱死制动系统、安全气囊系统,则应该检查发动机ECU的供电线路和搭铁线路,这些地方很可能存在故障。

(1) 若发动机ECU存在故障码,则应该对故障码进行分析,按照故障码进行故障查找。然后查看与起动有关的数据流,如冷却液温度传感器和节气门位置传感器等的信息。

(2) 若发动机ECU不存在故障码,则应进行其他检测。

4) 检测点火是否正常,喷油器和油泵是否工作

首先打起动机(有些车辆打开点火开关,油泵会工作几秒钟),查看油泵是否工作。

(1) 若发动机能点火、喷油器也工作,但油泵不工作,则应检查油泵及其相应的线路是否存在故障。

(2) 若火弱,则应检查点火系统相关零部件,如检查火花塞是否存在故障、高压线是否电阻过大等。

（3）若无火，但喷油器工作，则应检查点火模块及线路。

（4）若无火，喷油器也不工作，则应检查曲轴位置传感器，必要时还要查看点火正时是否严重错误、电控单元及线路是否存在故障。

（5）若点火正常，但喷油器不工作，则喷油器线路可能存在故障。

（6）若点火正常，喷油器也正常工作，则应检查油路油压是否存在异常。若油压正常，则应检查怠速控制阀是否存在故障，另外查看发动机正时是否存在问题、发动机气缸压力是否充足。

特别提示：当发动机无法起动时，别忘了检查是否存在燃油变质的问题。

5）检查发动机 ECU

发动机 ECU 故障可能会导致混合气浓度不当和点火正时有误等故障，引起发动机无法起动。

6）检查发动机机械部分

接上气缸压力表，检查气缸压力，如果气缸压力不足，则可能是由活塞与气缸壁磨损过大、气门油封损坏、气门与气门导管磨损过大或活塞环间隙过大等机械原因造成的，应拆检发动机，排除故障。

3. 故障排除小结

发动机不能起动故障涉及范围较广，应采用由简到繁、由外到内的原则逐步排查，找到原因。

（1）发动机不能起动故障主要包括防盗系统故障、点火系统故障和燃油供给系统故障等。

（2）发动机不能起动故障包括元件故障、线路故障和电控单元故障等。

（3）发动机不能起动故障诊断首先应使用车辆故障诊断仪读取故障信息，查看相关数据流，明确故障诊断的方向，然后按照由简到繁、由易到难的原则进行诊断。

（4）发动机不能起动故障涉及电气故障和机械故障，应该用车辆故障诊断仪、示波器和万用表等多种设备配合诊断，从而可以高效、快速地进行诊断。

任务 2　发动机怠速不稳故障诊断

一辆迈腾 1.8T，发动机型号为 BYJ，行驶里程 5.8 万 km。客户李先生反映该车最近

发动机怠速抖动严重,加速无力,如图6-3所示。从客户处了解到该车一直在维修站按时保养。

引起上述故障的主要原因可能有点火系统故障、燃油供给系统故障和进排气系统故障等,需要对发动机各系统进行检查,确定故障后进行维修或零部件更换并将发动机进行装复。

图6-3 汽车怠速不稳

1. 知识目标

(1) 掌握发动机怠速不稳的可能原因;
(2) 掌握发动机怠速不稳的故障分析方法。

2. 能力目标

(1) 能进行发动机怠速不稳的故障检测;
(2) 能制定发动机怠速不稳的故障诊断方案。

3. 素质目标

(1) 能够进行发动机怠速不稳基本故障诊断;
(2) 能够按照企业7S要求和安全生产规范进行发动机怠速不稳故障诊断操作;
(3) 能与同学协调分工、沟通交流、密切合作,完成学习活动;
(4) 能够自主学习发动机怠速不稳相关知识。

建议学时:4学时

一、故障原因分析

发动机怠速不稳可能存在多方面的原因,如点火系统故障、燃油供给系统故障、进排气系统故障、机械系统故障，以及发动机辅助控制系统故障等。

1. 进气道或与其相连的气体管路及阀体泄漏

多余的空气进入进气道或进气歧管会使发动机混合气偏稀，导致发动机怠速不稳。同样，发动机怠速时，若废气再循环系统故障，使废气进入发动机，也会导致发动机怠速不稳。常见的故障原因有进气总管卡子松动或胶管破裂；进气歧管衬垫漏气；喷油器密封圈漏气；真空管插头脱落、破裂；曲轴箱强制通风（PCV）阀开度大；活性炭罐电磁阀关闭不严或常开；废气再循环（EGR）阀关闭不严等。

2. 节气门或进气道积垢过多

节气门或周围进气道的积炭、污垢过多，空气通道截面积发生变化，使得电控单元无法精确控制怠速进气量，造成怠速不稳。

3. 怠速空气控制元件故障

怠速空气控制元件是指控制发动机怠速的怠速电磁阀或怠速电动机。若这些怠速空气控制元件发生故障，如不工作或工作不良，或者阀体上有油污和积炭都会导致怠速空气控制不准确，使发动机怠速不稳。

4. 进气量控制失准

若发动机冷却液温度传感器、进气压力传感器和空气流量传感器等部件或其线路发生故障，电控单元就会接收到错误的信号而进行错误的怠速控制，引起发动机怠速进气量控制失准。

5. 燃油供给系统故障

1）喷油器故障

发动机个别缸的喷油器不工作或工作不良，以及各缸的喷油器喷油量不均、雾化不好，会使各缸发出的功率不一致而导致发动机怠速不稳。

2）燃油压力故障

油压过低会使喷油器喷出的燃油雾化不良，且使喷油量减少，从而导致混合气过稀；油压过高，实际喷油量增加，导致混合气过浓，这两种情况都会导致发动机怠速不稳。常见的燃油压力故障原因有燃油滤清器堵塞、燃油泵滤网堵塞、燃油泵工作不良、油管变形和燃油压力调节器故障等。

3）喷油量失准

若冷却液温度传感器、进气压力传感器和空气流量传感器等部件或其线路发生故障，电控单元就会接收到错误的信号而进行错误的怠速控制，引起发动机怠速喷油量控制失准。

6. 点火系统故障

1）点火模块与点火线圈故障

对于独立点火的发动机，个别缸点火模块或点火线圈不工作或工作不良导致个别缸不工作或工作不良，造成发动机怠速不稳，如点火模块的电源电路、信号电路故障；点火线圈损坏或工作不稳定等。

对于非独立点火的发动机，若点火模块或点火线圈工作性能不稳定，也会造成发动机怠速不稳。

近年来，各车型大多将点火模块与点火线圈制成一体，点火模块或点火线圈有故障时主要表现为高压火花弱或火花塞不点火。常见原因有点火触发信号缺失；点火模块故障；点火模块供电或与地线的连接松动、接触不良；初级线圈或次级线圈故障等。

2）火花塞与高压线故障

火花塞、高压线故障导致火花能量下降或失火。常见原因有火花塞间隙不正确；火花塞电极烧蚀或损坏；火花塞电极有积炭；火花塞磁绝缘体有裂纹；高压线电阻过大；高压线绝缘外皮或插头漏电；分火头电极烧蚀或绝缘不良。

3）点火提前角失准

由于曲轴位置传感器、凸轮轴位置传感器及其线路故障，电控单元接收到的信号错误，使点火提前角不正确。

7. 机械部分故障

1）配气机构故障

配气机构故障导致个别气缸的功率下降过多，从而使各气缸功率不平衡。常见原因有正时皮带安装位置错误，使各缸气门的开闭时间发生变化，导致配气相位失准，各气缸燃烧不正常；气门工作面与气门座圈积炭过多，气门密封不严，使各气缸压缩压力不一致；凸轮轴的凸轮磨损，各缸凸轮的磨损程度不一致，导致各气缸进入的空气量不一致；气门相关部件有故障，如气门推杆磨损或弯曲、摇臂磨损、气门卡住或漏气、气门弹簧折断等。

若进气门背部存在大量积炭，则冷起动后积炭会吸附刚喷入的燃油，使进入气缸的燃油量减小、混合气过稀，从而导致冷车刚起动时怠速不稳。

此外，装有液压挺杆的发动机在通往气缸盖的机油道上安装有一个泄压阀，当压力高于 300 kPa 时，该阀打开。如果该阀堵塞，则会使机油压力过高，从而使液压挺杆伸长过多，导致气门关闭不严。

2）发动机体、活塞连杆机构故障

发动机体的常见故障有气缸衬垫烧蚀或损坏，造成单缸漏气或两缸之间漏气；活塞与气缸磨损，导致气缸圆度、圆柱度变差；气缸进水后导致连杆弯曲，改变压缩比。

活塞连杆机构的常见故障有活塞环端隙过大、对口或断裂，导致活塞环失去弹性；活塞环槽内积炭过多。

发动机体、活塞连杆机构的这些故障都会使个别气缸功率下降过多，从而使各气缸功率不平衡。

3）其他原因

对于装备废气再循环系统的发动机，若 EGR 阀由于积炭等原因发生卡滞并在发动机怠速时开启，则会使一部分废气进入燃烧室，从而使发动机燃烧变得不稳定，导致发动机怠速不稳。

发动机曲轴和飞轮等转动部件动平衡不合格，以及发动机支撑胶垫损坏、松动同样会导致发动机怠速不稳。

二、故障诊断

发动机怠速不稳故障诊断流程如图 6-4 所示。

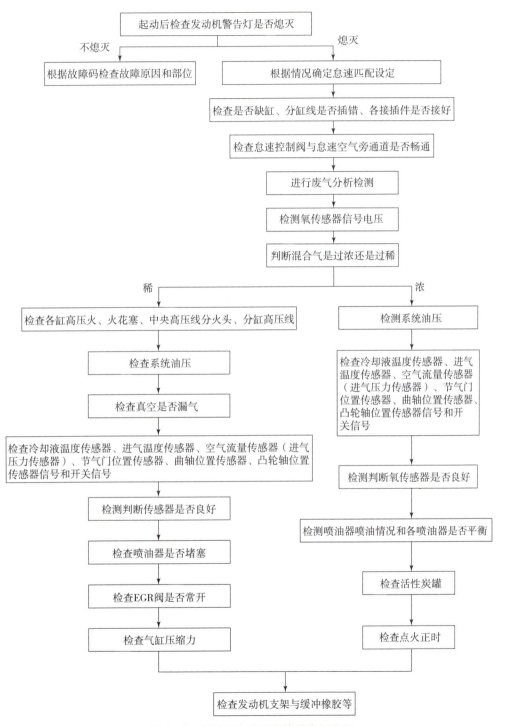

图 6-4 发动机怠速不稳故障诊断流程

操作指引

1. 课前准备

（1）场地设施：举升机一台，装有废气抽排系统和消防设施的场地；
（2）设备设施：整车；
（3）工量具：常用工具（一套）、车辆故障诊断仪、示波器、万用表等；
（4）耗材：保险丝、线束等；
（5）学生组织：教师指导、分组实训、过程评价。

2. 注意事项

（1）在实训场地穿着干净整洁的工作服；
（2）听从实训指导教师的安排，严格遵守场地安全规定，注意用电安全；
（3）在操作过程中，注意拆装工具及万用表、车辆故障诊断仪等设备的使用，拆下的零部件要轻拿轻放，避免磕碰和损坏；
（4）在检测电气与电子元件部件的线路时，严禁用力拉扯线束；
（5）检测电气与电子元件须断开部件插头时，应提前关闭点火开关。

任务实施

1. 故障原因分析

发动机怠速不稳可能是燃油供给系统、点火系统、进排气系统、机械系统、其他辅助控制系统等出现故障，应先判断故障是单缸工作不良还是多缸工作不良。

2. 故障诊断与排除过程

1）利用车辆故障诊断仪进行诊断

发动机 ECU 具有自诊断功能，因此应该先利用发动机 ECU 的自诊断功能，查看故障信息记录，确定诊断方向。

首先，读取故障码，查看是否存在永久性或偶发性故障码。如果有故障码，则应该分析哪些故障码与怠速不稳故障有关。若有多个故障码，则应该先对故障码进行分析，分析各故障码之间是否具有关联性，同时了解故障发生的原因和影响因素。分析完成后，即可根据故障码进行下一步检修。若没有故障码，则应该按照常规诊断方法进行诊断，重点检查发生故障但电控单元不能进行监测和记录故障码的部件。

其次，查看分析数据流。数据流可以提供发动机运转中的实时数据。发生怠速不稳故障时要查看发动机转速、节气门开度、怠速空气流量学习值、怠速空气调节值、怠速学习值、怠速调节值、吸入空气量、点火提前角、传感器信号电压和冷却液温度等数据。数据实时值、学习值和调整值用实际值或百分率表示，工况用文字表示。如果发现数据流的实际值超出规定范围，则应该分析引起数值偏差的原因，并对相应的部件及线路等进行检修。

项目六　发动机综合故障诊断与排除

此外，还可以利用车辆故障诊断仪的主动测试功能对可能有故障的部件进行动态测试，如对喷油器、燃油泵等进行主动测试，即观察它们是否能工作，以此来判断其自身及线路是否有故障。

2) 其他检测与诊断

根据故障现象、故障码内容和数据流数值确定检测内容，根据检测项目选择万用表、尾气检测仪、燃油压力表、真空表、气缸压力表和示波器等检测设备。尾气检测和波形分析很重要，非独立点火系统的发动机可以用断缸法迅速找到输出功率小的气缸，使用真空表可以分析影响真空度的具体原因。检测的原则通常是从电到机、从简到繁，尽量在不拆卸或少拆卸的情况下确定故障部位。

诊断提示：在进行发动机怠速不稳的故障诊断时，要注意检查发动机在其他工况下是否还存在工作异常情况，如发动机是否有起动不良、加速不良、动力不足、减速熄火等故障。若发动机只是怠速不稳，则在诊断时应该重点考虑造成发动机怠速不稳的故障原因；若还有其他症状，则在诊断时要综合考虑会同时造成在多个工况下工作异常的故障部位。

3. 故障排除小结

发动机怠速不稳故障涉及范围较广，应采用由简到繁、由外到内的原则逐步排查，找到原因。

任务小结

（1）发动机怠速不稳故障主要包括点火系统故障、燃油供给系统故障和进排气系统故障等。

（2）发动机怠速不稳故障包括元件故障、线路故障和电控单元故障等。

（3）发动机怠速不稳首先应使用故障诊断仪读取故障信息，查看相关数据流，明确故障诊断的方向，然后按照由简到繁、由易到难的原则进行诊断。

（4）发动机怠速不稳故障涉及电气故障和机械故障，应该用车辆故障诊断仪、示波器和万用表等多种设备配合诊断，从而可以高效、快速地进行诊断。

任务3　发动机加速不良故障诊断

任务描述

如图6-5所示，一辆2011款迈腾1.8T，行驶里程11万km，客户李先生反映该车加速无力，故障灯报警，这段时间感觉车的动力性有所下降，客户说该车一直在维修站按时保养。

引起上述故障的主要原因可能有点火系统故障、燃油供给系统故障和进排气系统故障

图 6-5 发动机加速不良

等,需要对发动机各系统进行检查,确定故障后,进行维修或部件更换并将发动机进行装复。

 学习目标

1. 知识目标

(1) 掌握发动机加速不良的可能原因;
(2) 掌握发动机加速不良的故障分析方法。

2. 能力目标

(1) 能进行发动机加速不良的故障检测;
(2) 能制定发动机加速不良的故障诊断方案。

3. 素质目标

(1) 能够进行发动机加速不良基本故障诊断;
(2) 能够按照企业 7S 要求和安全生产规范进行发动机加速不良故障诊断操作;
(3) 能与同学协调分工、沟通交流、密切合作,完成学习活动;
(4) 能够自主学习发动机加速不良相关知识。

 建议学时:4 学时

 知识准备

一、故障原因分析

发动机动力不足和加速不良是指发动机在无负荷运转时基本正常,但在带负荷运转时加速缓慢,上坡无力,加速踏板踩到底时仍感到动力不足,车速提升很慢,达不到最高车速。

发动机加速不良的常见故障原因主要包括以下几种。

(1) 发动机进、排气系统堵塞,导致进排气不顺畅;

（2）节气门调整不当，不能全开，导致发动机进气不足；

（3）燃油压力过低，导致喷油量不足、混合气变稀；

（4）喷油器堵塞或雾化不良，导致空燃比变大；

（5）冷却液温度传感器故障，导致空燃比失调；

（6）空气流量传感器故障，导致空燃比失调；

（7）点火正时不当或高压火太弱，导致发动机燃烧不好；

（8）发动机气缸压缩压力不足，导致发动机燃烧不好；

（9）废气涡轮增压器不工作或工作不良，导致发动机无增压效果；

（10）可变进气系统不工作或工作不良，导致发动机进气量不足、排气不畅。

二、故障诊断

发动机加速不良故障诊断流程如图 6–6 所示。

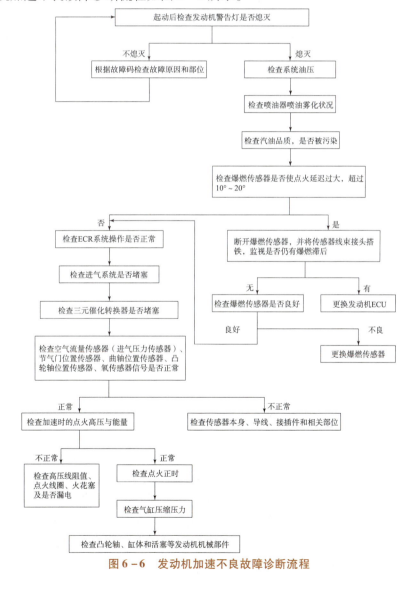

图 6–6 发动机加速不良故障诊断流程

操作指南

1. 课前准备

（1）场地设施：举升机一台，装有废气抽排系统和消防设施的场地；
（2）设备设施：整车；
（3）工量具：常用工具（一套）、车辆故障诊断仪、示波器、万用表等；
（4）耗材：保险丝、线束等；
（5）学生组织：教师指导、分组实训、过程评价。

2. 注意事项

（1）在实训场地穿着干净整洁的工作服；
（2）听从实训指导教师的安排，严格遵守场地安全规定，注意用电安全；
（3）在操作过程中，注意拆装工具及万用表、车辆故障诊断仪等设备的使用，拆下的零部件要轻拿轻放，避免磕碰和损坏；
（4）在检测电气与电子元件部件的线路时，严禁用力拉扯线束；
（5）检测电气与电子元件须断开部件插头时，应提前关闭点火开关。

1. 故障原因分析

发动机加速不良可能是燃油供给系统、点火系统、进排气系统、机械系统、其他辅助控制系统等出现故障，此类故障不容易确定故障诊断方向，应借助车辆故障诊断仪读取故障码和数据流确定故障诊断方向。

2. 故障诊断与排除过程

（1）将加速踏板踩到底，同时读取加速踏板位置传感器和节气门位置传感器的数据流，检查节气门是否存在卡滞现象，能否全开。
（2）检查空气滤清器有无堵塞，如有堵塞应更换。
（3）进行故障自诊断，检查有无故障码出现。影响发动机动力性的传感器和执行器有冷却液温度传感器、空气流量传感器、进气歧管绝对压力传感器、点火控制器和喷油器等。按所显示的故障码查找故障原因。
（4）检查节气门位置传感器的怠速开关和全负荷开关是否调整正确，如果不正确，应按标准重新调整。
（5）检查点火正时，当发动机温度正常后，怠速时点火提前角及加速时的点火提前角都应符合规定。如果点火提前角不正确，应对点火系统或相关部件进行检查。
（6）检查冷却液温度传感器，在不同温度下冷却液温度传感器的电阻应能按规定标准值变化。如果不符合标准值，应更换冷却液温度传感器。

（7）检查空气流量传感器或进气歧管压力传感器，如有异常应更换。

（8）检查各缸火花塞、高压线、点火线圈、点火控制器等，如有异常应更换。

（9）检查燃油压力，如果压力过低，应进一步检查电动燃油泵、油压调节器、燃油滤清器等。

（10）拆卸喷油器，检查喷油量是否正常，如果喷油量不正常或喷油雾化不良，应清洗或更换喷油器。

（11）测量气缸压缩压力，如果压力过低，应拆检发动机。

3. 故障排除小结

在与客户沟通交流中，客户反映之前在其他地方更换过进气管风门电位计，没有解决问题，按照由简到难的原则检查，观察到在发动机急加速时进气翻板驱动正常，控制臂未脱落。于是对真空泵单向阀进行检查，车辆怠速时，拔下真空管，用手阻塞检查是否有较强的吸力，当拔下真空管时，发现真空管破损，由此发现问题所在，即真空管破损、吸力不足，导致靠真空驱动的翻板不能正常工作。更换真空管后，故障消除。

由于真空管破损，在急加速时，进气翻板不能正常工作，导致进气量少，喷油量增加，混合气燃烧不完全，因此出现加速无力、故障灯报警现象。

任务小结

（1）发动机加速不良故障主要包括点火系统故障、燃油供给系统故障和进排气系统故障等。

（2）发动机加速不良故障包括元件故障、线路故障和电控单元故障等。

（3）发动机加速不良首先应使用车辆故障诊断仪读取故障信息，查看相关数据流，明确故障诊断方向，然后按照由简到繁、由易到难的原则进行诊断。

（4）发动机加速不良故障涉及电气故障和机械故障，应该用车辆故障诊断仪、示波器和万用表等多种设备配合诊断，从而可以高效、快速地进行诊断。